The Evolution of China
and Sino Soviet (Russian)
Banking System

From Unification to
Marketization

中外经济比较研究

中苏（俄）银行体制演变史

从"大一统"到市场化

肖 翔 ◎著

社会科学文献出版社
SOCIAL SCIENCES ACADEMIC PRESS (CHINA)

"中外经济比较研究"丛书总序

"文革"后,中央财经大学的经济史研究一直在进行,仅因专职人员调离学校受到过一定的影响。进入21世纪以来,随着经济系,特别是经济学院的建立,经济史学科受到校、院各级领导的高度重视,学校开始有意识地加强经济史学科人员的培养。随着中央财经大学理论经济学被确立为国家一级学科,经济史博士点很快成立。为此,经济学院专门设立了经济史研究中心和中外经济比较研究中心。在此基础上,经济学院在2014年专门设立了经济史学系,目前有8人专职从事经济史的研究;若加上分布在金融学院、财政学院、财经研究院、马克思主义学院等从事经济史研究的同仁,已达20人,初步形成了一个知识结构完整、老中青结合的经济史学科团队。

自2014年以来,以经济学院经济史学系为主体的研究团队,立足学科前沿,以全球化的视野,初步建立了三个学术研究与交流平台:一是设立"经济史与制度经济学"论坛,邀请国内外著名经济史学者来校做讲座,如陈争平、武力、萧国亮、贺耀敏、魏明孔等;二是举办以经济史为主题的学术研讨会,如2015年举办了"清朝以来中外金融制度变迁学术研讨会";三是开办双周论坛,邀请国内外中青年经济史学者来校开展以论文交流为主的学术活动,促进了经济史学科的发展。

为了促进经济史学科的发展和研究水平的提升,中央财经大学科研处在经过多方论证后,确定了以中外经济比较研究为主题的史学研究系列丛书的写作。本套丛书由我负责,计划出九本:兰日旭的《中外金融组织变迁:基于市场-技术-组织视角》,路乾的《美国银行业开放史:从权利限制到权利开放》,徐华的《从传统到现代:中国信贷风控的制度与文化》,伏霖的《经济转型与金融制度变迁:日本经验的中国镜鉴》,孙菁蔚的《欧洲金融组织演化史》,孙建华的《近代日本在华交易所:1906~1945年》,肖翔的《中苏(俄)银行体制演变史:从"大一统"到市场化》,马金华的《英国金融组织变迁》,徐华、徐学慎的《中国企业的资本结构、公司治理和文化基因》。

在这些研究的基础上,我们致力于打造具有中央财经大学特色的经济史学术研究平台,将经济史学科建设得更好。

兰日旭

2016 年 6 月

序　言

　　古人说:"欲之大道,必先为史。"银行体制改革是全面深化改革的重点与难点。中国在"经济新常态下"如何顺利推进银行体制改革,不仅需要回顾和总结改革开放以来的银行体制变革历史,而且有必要从更长的历史跨度、更宽广的视角来总结历史经验。众所周知,中国银行体制改革的起点是计划经济时期"大一统"的银行体制,而这种高度集中的银行体制又受苏联银行体制较深的影响。当年的苏联和中华人民共和国为何会选择"大一统"的银行体制？该体制对改革开放后银行体制演变产生了哪些影响？中华人民共和国和苏联（俄罗斯）银行体制演变路径有哪些异同？我们可以从苏联（俄罗斯）银行体制演变历史中获取哪些历史借鉴？这些问题都值得学术界进一步的研究与探讨。

　　肖翔博士是我的学生,长期关注和研究中华人民共和国经济发展与制度变迁,并试图扩大视野,将中国的变化置于世界历史中去观察和比较。这本著作对中华人民共和国和苏联（俄罗斯）银行体制从"大一统"到市场化的演变过程进行了研究,尝试回答上述问题,具有一定的学术价值。通读本书,我谈几点自己的想法。

第一,作为后发大国在优先发展重工业阶段,实行"大一统"的银行体制,加强政府对资金的控制具有一定的共性。中华人民共和国和苏联都是后发的社会主义大国,在建立之初都面临着国家安全问题,迫切需要尽快建立独立、完整的工业体系和强大的国防工业。两国在建国之前,商品经济相对落后,银行体系也不发达,而且中国的国民政府和俄国的沙皇政府都对国家银行体系有较强的控制。两国在建立之后,都通过没收旧政府控制的银行,在较短的时间内实现了对银行体系的控制。苏联还因为卫国战争实施"战时共产主义"一度取消了银行。在"新经济政策"时期又恢复了银行,形成了在国家银行主导下多种银行并存的结构。中国在"新民主主义"时期,也形成了中国人民银行主导下的多种银行并存的局面。但是,在政府控制下多种银行并存的体制与赶超型工业化的目标不适应。且不说存在私营银行与国家银行争夺业务的现象,就是国有银行之间也存在相互竞争,从而妨碍中央政府集中使用和调度资金。苏联在"新经济政策"时期银行就出现了"平行主义",即企业可以向多家银行贷款。这与政府集中有限资金,实现赶超型工业化的战略相违背,因此中苏两国都选择了向"大一统"银行体制的急剧制度变革。通过"大一统"银行体制的建立,银行更多地起到财政的出纳作用,将资金管理纳入了国家的计划管理,强化了计划经济体制,为中苏两国贯彻优先发展重工业的工业化战略提供了重要的制度保障。

第二,在计划经济时期,中苏两国都在"大一统"银行体制下进行了改革的探索,但最终未能实现制度改革的突破。"大一统"银行体制使得银行缺乏自主性，政府对银行管得过死，未能充分发挥银行在经济中的作用。随着中苏两国经济规模的不断扩大，"大一统"的银行体制的弊端日益凸显。中国政府尝试通过建立专业银行来减轻中国人民银行的压力。在计划经济时期，中国三次成立了中国农业银行，两次成立了中国建设银行，但是都因为与中国人民银行之间的分工协作存在矛盾而取消，最终银行体制仍然是在高度集中的框架内运行。苏联的改革虽然在于强化银行本身的自主性，试图发挥银行在国民经济中的作用。但是这些改革依旧未能实现制度的突破。"大一统"的银行体制是高度集中计划经济体制中的一部分，而高度集中计划经济体制又是围绕优先快速发展重工业而产生的。虽然"大一统"的银行体制对于经济效率有所损失，但其可以更好地服务于优先快速发展重工业这一目标。因此中苏两国在优先快速发展重工业发展战略不变的条件下，尽管都进行了改革的探索，但都最终未能真正突破"大一统"的银行体制。

第三，比较中苏（俄）银行体制市场化改革过程，我们发现大国银行体制改革路径选择一定要慎重，要注重顶层设计与"摸着石头过河"相结合。随着中苏两国逐步放弃了优先重工业发展战略，开始推进市场化改革，银行体制也开始进行了改革。中苏银行改革之初，路径类似，都是分离中央银行和商业银行。苏联建立了苏联工业建设银行、苏联农工银行、苏联住宅公用事业及社会发展银行等专业银行；中国则恢复和成立了中国银行、中国农业银行、中国工商银行、中国建设银行四大专业银行。中央银行与商业银行的分离，应该说主要是政府顶层设计的产物。

但是在随后的改革过程中,中苏两国的改革则分道扬镳。苏联银行体制改革受到政治动荡的严重冲击,苏联解体之后俄罗斯在"爆炸式"改革的推进下,一方面银行大规模推进私有化;另一方面政府降低了银行进入的门槛,各种企业开始大规模进入银行业。这些都带来了俄罗斯银行业分散且无序竞争的局面,最终无力抵御1998年爆发的金融危机。1998年后,俄罗斯政府不得不开始加强对银行业的管控。中国银行改革则呈现出了渐进市场化的特征。

肖翔博士这本著作中,将中国银行体制改革归纳为"体制内"银行改革和"半体制内"银行改革相互推进。中国从"大一统"的中国人民银行到"中、农、工、建"四大银行上市,共经历了四次大的改革举措,其方向是不断剥离四大银行的政策负担,使其成为权责明确、自负盈亏的银行。脱胎于中国人民银行的四大国有商业银行,其改造步骤主要是在中央政府领导下逐步推进的。与此同时,肖翔博士在本书中还讨论了由地方政府和国有企业兴办的"半体制内"银行。这些银行成立之初就面向市场,具有较强的盈利能力。这些银行的兴起,推动了中国金融业的发展,也倒逼国有独资银行提高自身的经营效率。两者相互作用,最终推动了中国银行体制改革的成功。

第四,与欧美等原生的市场经济国家不同,中国和俄罗斯市场化的起点是计划经济下的"大一统"的银行体制,改革过程中更应当处理好政府与市场的关系。"大一统"银行体制由于取消了市场的作用,导致经济效率不高。20世纪80年代以后,中苏两国银行业开启了市场化的进程。尤其是苏联解体之后的俄罗斯，政府一度完全退出，任由市场调节，出现了"市场失灵"。而且在私有化浪潮过程中，俄罗斯还出现了一批"金融寡头"，成为左右俄罗斯政治的重要力量。直到1998年俄罗斯爆发了大规模的金融危机之后，才开始重新重视政府对银行业的调控作用。而中国的银行改革虽然也引入市场的力量，但不管是四大行的市场化还是新兴股份制银行的兴起，都是在政府可控范围内，最终中国银行取得了较快的发展。回顾两国的银行体制演变历史，政府与市场的关系不是一成不变的，而是需要根据不同的形势、不同的环境、不同的历史阶段进行调整，因时、因地、因事制宜，没有固定不变的边界和模式。未来全面深化改革，尤其是银行业的改革，政府与市场的关系还应当继续探索。

第五，银行体制改革与市场经济的相互促进关系值得重视。从本书展现的中苏两国银行体制历史演变中，我们可以很清楚地看到，对银行的需求内生于市场经济的发展。中国国民政府时期和俄罗斯沙皇时期，商品经济发展相对滞后，银行业也不发达。苏联和新中国建立之后，为完成政府特定目标，银行体制发生了"强制性制度变迁"，在较短的时间内建立了"大一统"的银行体制，并且强化了高度集中的计划经济管理体系，银行成为财政的附属。中苏两国改革开放之后，随着市场经济的发展，对银行服务的需求日益提高与迫切，从国家银行剥离出来的国有银行体系无法满足市场需求，因此在市场诱导下，一大批商业银行兴起。商业银行的兴起，活跃了资金市场，推动了金融深化，从而成为推进市场经济发展的重要力量。出于中国经济升级转型和社会主义市场经济体制不断完善的需要，银行体制改革将是中国全面深化改革的重要环节。当前中国仍然存在中小企业融资难的问题，互联网金融也冲击着银行体系，这些都要求我国银行体制改革不断创新和深化。

历史研究有"沉淀说"和"跟进说"两种方法。前者主张历史研究对象要与当今有一定距离，等"历史的尘埃"落定后再研究，从而可以更全面、更准确、更客观地认识和评价历史。后者则认为"一切历史都是当代史"，历史学在很大程度上是"言于古必有验于今"，历史学应该发挥"经世致用""资政育人"的功能，因此认为历史研究应该"跟随历史"前进，把"今天"通过"昨天"与"前天"以至更远紧密联系起来，"昨天"就可以且应该作为历史研究的对象。本书将研究下限延伸到2012年，采取了"跟进说"，追踪了改革开放以来银行体制变革的新变化。本书作者"史无定法""学无常师"，以历史学方法为主，也兼取了制度经济学、发展经济学等研究方法，围绕银行体制"大一统"到市场化这条主线，从宏大视角讨论中苏银行演变的历史进程，避免了就"中国"谈"中国"、就"当代"谈"当代"、就"银行"谈"银行"，这种治学方法和视野值得提倡。我认为这本书的出版将为我国未来全面深化银行体制改革提供有益的历史借鉴和启示。

武 力

2017年7月7日

目　录

第一章　导论 ………………………………………… 001
　　一　中苏（俄）银行体制比较研究的意义 …………… 001
　　二　中苏（俄）银行体制变迁的路径：从历史与比较的
　　　　视角 ……………………………………………… 003
　　三　银行体制变革的历史启示 …………………………… 007

第二章　苏联与新中国成立之初银行体制建立 …………… 009
　　第一节　苏联（俄）建国之初银行体制的剧变与调整：
　　　　　　从"战时共产主义"到"新经济政策" ……… 009
　　第二节　国民经济恢复时期新中国银行体制的建立 …… 025
　　第三节　中苏共和国成立之初银行体制的比较研究 …… 047

第三章　中苏"大一统"的银行体制建立与调整 ………… 051
　　第一节　苏联高度集中银行体制的建立与调整 ………… 051
　　第二节　中国"大一统"的银行体制的建立与
　　　　　　调整（1953~1978） ………………………… 074
　　第三节　中苏"大一统"银行体制比较 ………………… 100

001

第四章　市场化改革的探索与中苏银行体制变革 …… 104
　　第一节　戈尔巴乔夫改革下的银行体制变迁 …… 104
　　第二节　中国银行体制变革 …… 115
　　第三节　中苏银行体制初步变革的比较研究 …… 142

第五章　市场化加速推进下中俄银行体制转型 …… 145
　　第一节　俄罗斯"休克疗法"下的银行体制变革 …… 145
　　第二节　中国社会主义市场经济条件下的银行体制
　　　　　　变革（1992~2000） …… 172
　　第三节　中俄银行体制比较（1992~2000） …… 193

第六章　21 世纪银行体制变革与发展 …… 196
　　第一节　普京时期银行体制变革 …… 196
　　第二节　中国银行体制在 21 世纪的发展 …… 213
　　第三节　中俄银行体制比较分析（2000~2012） …… 232

结束语 …… 236

参考文献 …… 241

后　记 …… 251

索　引 …… 254

第一章
导 论

一 中苏（俄）银行体制比较研究的意义

金融是市场经济运行的核心环节，而银行是金融业的重要组成部分。经过改革开放近40年的发展，中国已经逐步形成了以中国人民银行为领导的金融体系。但当前银行体制依旧存在运行效率不高、经营机制不完善等问题，未来在"全面深化改革"的背景下如何完善金融市场体系，仍然是当前中国经济面临的重要难题。

中国当前银行体制是在计划经济时期中国人民银行"大一统"的银行体制之上逐步演变而来，而中国"大一统"的银行体制又是学习苏联高度集中银行体制的产物。中国和苏联同为社会主义大国，在发展战略、经济制度等方面有许多相似之处。中国和苏联在20世纪80年代又都选择了"市场化"改革，银行体制也由"大一统"向"市场化"变革。但苏联经济改革刚一开始就受到政治混乱的严重冲击，苏联解体之后，俄罗斯进行了"休克疗法"的激进改革，此时中俄银行体制体现出不同的改革路径。从中俄比较的视角，总结俄罗斯银行改革的历史经验与教训，可以为中国银行体制改革提供历史智慧与国际借鉴。

对于苏联、俄罗斯金融发展的研究著作当前已有不少出版。中国国际金融研究所课题组编的《苏联金融七十年》较为系统地回顾了苏联在 20 世纪初到解体这 70 年的金融变迁过程，为我们了解苏联银行体制演变提供了宝贵的材料；徐向梅的《俄罗斯银行制度转轨研究》、朱显平的《俄罗斯银行体制和信贷企业研究》、范敬春的《迈向自由化道路的俄罗斯金融改革》、米军的《俄罗斯金融改革的回顾与展望》等著作对俄罗斯转型之后的金融变迁有所研究；黄永鹏的《社会转型时期的俄罗斯金融工业集团研究》、张春萍的《转型时期俄罗斯金融工业集团的形成、发展与绩效分析》等著作对金融寡头进行了讨论。

对于中华人民共和国银行发展史的研究著作则更为丰富，杨希天的《中国金融通史》（第 6 卷）对中华人民共和国金融体制发展进行了讨论；宋士云的《中国银行业：市场化的改革的历史考察》对改革开放以来的中国银行改革进行了研究；李扬的《中国金融改革 30 年研究》、王广谦的《中国经济改革 30 年（金融改革卷）》等相关金融史改革的著作都对银行改革史进行了讨论；《中国农业银行史》《国家开发银行史》等著作对我们认识银行的制度变迁有了更深入的推进。在现有研究的基础上，本书的主要创新包括以下几个方面。

（1）拟从更长的视角对中苏（俄）银行体制变迁进行讨论。从当前的研究来看，更多的研究集中于银行体制市场化改革，对"大一统"的银行体制建立仅仅进行了简要回顾。本书拟将中苏（俄）银行体制变迁置入建立"大一统"银行体制到市场化改革的历史过程中进行讨论,更为详尽地阐释"大一统"银行体制建立及调整。本书还对为何选择"大一统"的银行体制进行讨论,为银行体制改革的研究提供更为全面的历史基础。

(2)本书站在中苏(俄)两国实现现代化与经济体制变革大背景的角度上进行讨论,考虑银行体制变革中"非经济因素"的作用,避免了就"银行"谈"银行",就"经济"谈"经济"。中国和苏联(俄罗斯)银行体制变革不仅是经济现象,不能完全遵照经济成本与收益来分析,还与政治影响密切相关。本书试图以更为广阔的视角进行讨论,以期对银行体制有更为清楚的认识。

(3)本书试图运用比较的手段对银行体制进行研究,试图通过中苏(俄)每一阶段的比较,提炼出中苏(俄)两国银行体制从"大一统"走向"市场化"的异同,以期能够更清晰地了解中苏(俄)银行改革的路径。

二 中苏(俄)银行体制变迁的路径:从历史与比较的视角

研究中苏(俄)银行体制变迁,首先要知道为何中苏两国都会选择"大一统"的银行体制。笔者认为,一方面苏联与中国在成立共和国前,商品经济都不发达,银行体系虽有发展但仍处于较为薄弱的地位;另一方面中苏两国在成立共和国之初就面临现代化赶超的压力,而不发达的商品经济难以支撑两国大规模的工业化。虽然苏联曾经选择了"新经济政策",中国也选择了"新民主主义经济"体制,但是两国都在较短的时间内向高度集中的计划经济体制过渡。银行体制随之也迅速向"大一统"的体制转变。高度集中的银行体系成为财政的附属，它们为大规模推进工业化筹集资金做出重要贡献。科斯认为"企业将倾向于扩张直到在企业内部组织一笔额外交易成本，等于通过在公开市场上完成同一笔交易的成本或在等于在另一个企业中组织同样交易的成本这一点上停滞其扩张"①。按照科斯的观点，企业扩张是有成本的，企业之间"纵向一体化"内部的代理成本是制约企业规模无限扩大的重要因素。但是中国和苏联在实现计划经济之后，企业的扩张与设立是政府决定，而非市场行为，即使银行内"纵向一体化"带来经营成本的不断上升，但是为了降低计划经济运行成本，两国都保持了高度集中的银行体制。中国在计划经济时期三次成立农业银行、两次成立建设银行，但最终撤销。苏联二战后也推动银行体制的进一步集中。随着经济总量增大，"大一统"的银行机制越来越难以适应中苏两国经济的发展，这时两国都开始了市场化改革，银行也逐渐打破"大一统"的体制。但是两国改革选择的路径又有所不同。

苏联在1986年改革之初，曾试图选择渐进式改革的路径，在银行体制方面尝试建立两级银行体制。国家银行履行中央银行的职能，成立工建银行、农工银行、公用住宅事业和社会发展银行等专业银行。1988年苏联开始允许股份制银行的出现。但是苏联银行体制改革难以满足苏联市场经济的发展，政治动荡又严重冲击了苏联的银行体制改革。苏联解体之后，苏联的主要继承者俄罗斯选择了"休克疗法"。"休克疗法"的核心是"自由化、私

---

① 〔美〕罗纳德·H.科斯：《企业、市场与法律》，盛洪、陈郁译，格致出版社，2009，第43页。

有化和稳定化",但"休克疗法"并未能带来俄罗斯经济的"V"形增长,反而导致了经济衰退,出现了严重的通货膨胀。这一时期,在"休克疗法"的改革战略下,俄罗斯降低银行门槛、建立股票市场,市场开放程度也迅速扩大。一方面使俄罗斯的银行大规模兴起,另一方面又使大规模的游资涌入银行,并在私有化的浪潮下,出现了许多金融寡头,对俄罗斯政治、经济产生了深远的影响。1998年俄罗斯出现了大规模的经济危机,脆弱的银行体系无法抵御经济危机的冲击,俄罗斯不得不对金融制度进行改革与调整。2000年普京担任俄罗斯总统后俄罗斯开始加大银行监管力度,继续加强银行重组与合并,逐渐规范了混乱的银行体系。

与此同时,中国银行的市场化改革则体现出渐进的特征。针对银行体制的改革过程可以从"体制内"银行的改革与"半体制内"[①] 银行的兴起两条大的线索来看。

中国人民银行与苏联国家银行类似,在计划经济时期既承担中央银行的职能,又承担部门银行的职能;既承担计划经济功能,又具备政治功能,是计划经济时期的"唯一银行"。在市场化改革过程中,"体制内"的银行体系经历了四次大的改革。

第一次,从中国人民银行中逐步分离出中国农业银行、中国建设银行、中国银行、中国工商银行四大专业银行。这次改革后,中国人民银行职能重点放在中央银行职能与监管职能。而四

[①] 这里的"体制内"银行主要指的是中国人民银行及四大国有商业银行。"半体制内"银行主要包括股份制银行和城市商业银行。这里之所以用"半体制内"银行,因为股份制银行和城市商业银行大多有政府背景,而且受到政府较为严格的控制,与纯粹的私营企业有较大差距。

大专业银行在经济发展过程中逐步突破自身领域,分别出现了"农行进城"(农业银行发展城市业务)、"建行进厂"(中国建设银行发展短期流动资金贷款业务)、"中行上岸"(中国银行经营境内业务)、"工行下乡"(中国工商银行发展农村业务)相互竞争的局面。[1]

第二次,三大政策性银行成立,剥离了四大专业银行的政策性功能。20世纪80年代,专业银行既有企业经营的特征,又要执行相应的国家政策,由于专业银行需要执行双重职能,导致了银行效益不高。政策性银行的成立,正式剥离了银行的政策性负担,有效推动了四大专业银行向四大商业银行的转变。

第三次,成立资产管理公司,剥离四大商业银行不良贷款。四大商业银行虽然在90年代实行商业化改革,但是由于国有经济"预算软约束"的存在,四大商业银行仍然有大量不良贷款,制约了四大商业银行的发展。我国成立了四家资产管理公司,有效剥离了四大银行的不良资产,为四大国有商业银行的发展创造了良好的环境。

第四次,中国四大商业银行实行股份制改组,四大商业银行逐步成为现代金融企业。为推动这四大国有商业银行的上市,中国政府先后进行了大规模的注资,并引入国际银行的战略投资,四大商业银行最终实现了上市。

中国银行改革另一条线索就是"半体制内"银行的兴起。这些银行成立之初就面向市场,体现出较大的企业经营活力。交通

---

[1] 宋士云:《中国银行业市场化改革的历史考察》,人民出版社,2008,第106页。

银行是改革开放后第一家股份制银行，华夏银行、招商银行等随之兴起。之后地方城市银行也纷纷成立，这些银行的成立缓解了中国国内对银行的迫切需求，推动了中国金融事业的发展。

中国银行改革的另一个特点就是"体制内"银行的改革与"半体制内"银行实现良性互动。"体制内银行"的改革，顺应了社会主义市场经济的发展方向，推动了市场经济的向前发展。但是"体制内"银行的运行机制与迅速发展的市场经济需要仍有一定距离，"半体制内"银行的兴起，满足了这一需求。而且"半体制内"银行较高的经营效率又倒逼"体制内"银行进行改革，最终形成较为完善的银行体制。

十八届三中全会明确提出"在加强监管前提下，允许具备条件的民间资本依法发起设立中小型银行等金融机构"，还提出"完善金融机构市场化退出机制"。未来随着民营资本进入银行业，将继续推进中国银行业的市场化。

三 银行体制变革的历史启示

第一，中俄银行市场化改革的起点是"大一统"的银行体制。诺斯曾指出"国家的存在是经济增长的关键，然而国家又被认为是经济衰退的根源"。[①] 高度集中的"大一统"银行体制，对中苏历史上的经济高速增长曾经做出过突出贡献。中苏共和国成立之初选择的高度集中的"大一统"银行体制，又影响了两国银行体制的发展与变革，产生了"路径依赖"，虽然两国都曾对银

---

① 〔美〕道格拉斯·C·诺思：《经济史中的结构与变迁》，陈郁、罗华平等译，上海人民出版社，1994，第20页。

行体制进行过调整，但最终数十年都未能突破"大一统"的银行体制。随着经济发展，高度集中的计划经济体制最终无以为继，"大一统"的银行体制开始向市场化变革。

第二，金融体制改革中要正确处理政府与市场的关系。国家对银行的过度控制，将带来"金融抑制"，不利于银行业和经济发展。但是在改革"大一统"的银行体制过程中，如果政府迅速退出，将导致经济的混乱。俄罗斯在"休克疗法"之后也不得不加强国家对银行体制的管控。

第三，推动银行体制改革时要注意运用各种力量，注重运用"增量性"改革推进"存量性"改革。中国银行体制改革的重要经验就是"工、农、中、建"四大银行改革的同时，股份制银行与城市商业银行兴起，四大国有银行、股份制银行和城市银行相互联系、相互竞争，推动了银行体制的变革。

第四，银行改革要有良好的宏观环境。俄罗斯银行改革过程中，是俄罗斯发生恶性通货膨胀的时期，俄罗斯许多银行主要的经营业务不是贷款给实体经济，而是参与金融投机，最终导致俄罗斯出现金融混乱。未来中国银行体制改革要注意良好的宏观经济环境。

第二章
苏联与新中国成立之初银行体制建立

第一节　苏联（俄）建国之初银行体制的剧变与调整：从"战时共产主义"到"新经济政策"

　　金融是现代经济的核心，而银行是金融体系的枢纽，它伴随着商品经济的发展而兴起。沙皇俄国时期商品经济不发达，现代银行体系的建立也较晚，1860年以后沙俄的银行才逐步发展起来，但总体水平有限。"十月革命"之后，苏维埃政权将银行收归国有，在较短时间内控制了苏俄经济的命脉。但随后爆发的国内战争，让苏俄进入"战时共产主义"阶段，随着国家经济的高度集中，货币信用关系消亡，苏俄的银行一度被取消。但"战时共产主义"虽然有效调动了苏联有限的资源、保障了卫国战争的胜利，但其未能实现苏联经济发展。结束卫国战争后，苏联开始施行"新经济政策"，在此时期苏联的银行重新恢复，并且得到了较快的发展，为苏联经济恢复创造了条件。

一 沙皇俄国时期的银行体系

1860年以前,沙俄是一个落后的封建农奴制国家,没有形成真正意义上的现代金融体系。1860年7月沙俄才开始设立国家银行。1861年俄国进行了农奴制改革,随着俄国资本主义经济的兴起,商业银行体系也开始逐步建立。1864年第一家股份制银行——圣彼得堡商业银行宣告成立,同年又创立了几家相互信用公司、相互信用土地银行、贷款储蓄合作社等。1866年莫斯科商业银行开始营业,不久在哈尔科夫、基辅等地也成立了股份制商业银行。到1870年共计有国家银行及其下属的41个分行,25家股份商业银行,15家相互信用公司、163家银行、16家贷款储蓄社。国家银行到1888年已有56处分行,1900年增到130处。同时股份商业银行也从33家增加至43家,到1900年相互信用公司有117家,市银行有241家,贷款储蓄社在1897年已有707家。[①] 1897年沙俄实行货币改革,将货币的发行权授予国家银行。

从19世纪90年代开始,沙俄银行开始加速集中,在第一次世界大战初期,7家最大银行的资本占据全部银行资本的50%以上。银行资本集中与合并的过程中银行和工业的结合相伴而行。企业在经营过程中,需要银行帮助其发行股票,而银行在发行股票的过程中自己保留了一部分企业的股票。例如1907年基士德穆矿山工厂财政改组,依托西伯利亚银行发行股票,西伯利亚银行在其发行股票过程中,利用便利条件持有了该工厂50%以上的股

[①] 中国银行国际金融研究所课题组编著《苏联金融七十年》,中国书籍出版社,1997,第130页。

票。俄国垄断工业资本与银行的结合，推动了工业进一步的集中和垄断。大银行成为俄国工业辛迪加的参加者。① 正如列宁指出："生产的集中；从集中生长起来的垄断；银行和工业日益融合或者说长合在一起——这就是金融资本产生的历史和这一概念的内容。"② 列宁还指出，"随着银行业的发展及其集中于少数机构，银行就由中介人的普通角色发展成为势力极大的垄断者，它们支配着所有资本家和小业主几乎全部的货币资本，以及本国和许多国家的大部分生产资料和原料产地。为数众多的普通中介人成为极少数垄断者的这种转变，是资本主义发展成为资本帝国主义的基本过程之一"。③

股份商业银行的地位见表 2-1。

表 2-1　股份商业银行的地位

	在全部商业银行固定资本总额中所占比例（%）		1914 年 1 月银行数（家）
	1900 年	1914 年	
资本在 1000 万卢布以内的银行	43.7	10.8	24
资本在 1000 万至 2000 万卢布以内的银行	32.9	22.5	11
资本在 2000 万至 3000 万卢布以内的银行	23.4	14.6	5
资本在 3000 万卢布以上的银行	—	52.1	7

资料来源：〔苏〕阿特拉斯：《苏联银行国有之史的发展》，彭健华译，大东书局，1949，第 6 页。

---

① 〔苏〕阿特拉斯：《苏联银行国有之史的发展》，彭健华译，大东书局，1949。
② 《列宁全集》第 27 卷，人民出版社，1990，第 362 页。
③ 《列宁全集》第 27 卷，人民出版社，1990，第 346 页。

沙俄金融的另一个重要特点就是外国资本在银行体系中具有较大的影响力。在俄国 18 家最大的股份银行中，外国资本占资本额的 42.6%，其中法国资本占 21.9%，德国资本 17.7%，英国资本占 3%。[①] 商业银行中外国资本的占比见表 2-2。

表 2-2 商业银行中外国资本的占比

	1900 年		1917 年	
	金额（百万卢布）	占比（%）	金额（百万卢布）	占比（%）
商业银行的固定资本	188.4	—	679.7	—
其中的外国资本	11.4	6	237.2	34.9

资料来源：〔苏〕阿特拉斯：《苏联银行国有之史的发展》，彭健华译，大东书局，1949，第 6 页。

沙俄银行体系的逐步建立，在一定程度上促进了沙俄资本主义工商业的发展。但在第一次世界大战过程中，沙俄出现了较为严重的通货膨胀。追逐利润最大化的商业银行开始从事有价证券投机交易，对工商业的贷款则逐步缩减，同时在战争过程中，银行不得不向国家筹措战争费用的债券中投入大量资金，这导致银行本身资产的紧张，许多银行因此而经营困难，面临破产的命运。

---

① 中国银行国际金融研究所课题组编著《苏联金融七十年》，中国书籍出版社，1997，第 131 页。

二 银行的国有化与银行的消亡

（一）银行的国有化

沙俄时期国家银行的力量远大于私营银行。1917 年初国家银行设有 11 个管辖行、133 个固定分行与 5 个临时的分行，在 42 个粮库中设有代办所，截至 1917 年 10 月 23 日国家银行资产负债表上的总金额为 242 亿卢布，而当时全国私营信贷机构（股份银行、互助信用社、城市银行等）资产负债表上的总金额为 1800 万卢布。[1] 列宁在十月革命之后，明确提出了"没有大银行，社会主义是不可能实现的"[2]。列宁非常注重银行的作用，强调"至于把银行实行国有并加以监督，只要政权归工人掌握，那么在经济上这是可能的，在经济上任何东西也不能妨碍这点"[3]。1917 年 11 月 20 日，苏维埃政府代表进驻国家银行，迅速控制了国家银行。由于沙俄时期国有银行在银行体系中起到主导作用，苏维埃政府控制国有银行也就控制了全国的金融体系。沙俄时期遗留下来的商业银行资本家并不甘于被苏维埃政权控制，他们组织成立了股份银行委员会，试图绕开新的国家银行，建立自己的货币发行中心和银行间的结算中心。1917 年 12 月，他们以彼得格勒市（即圣彼得堡）的亚速夫-顿河商业银行为依托成立了俄罗斯商业

---

[1] 苏联科学院经济研究所编《苏联社会主义经济史》第一卷，三联书店，1979，第 112 页。
[2] 《列宁选集》第 3 卷，人民出版社，1995，第 298 页。
[3] 中国人民银行总行专家工作室编《列宁论货币银行与信用》，金融出版社，1957，第 117 页。

银行结算中心，还打算进一步建立自己的货币发行中心。[①] 但1917年12月14日苏维埃政权颁布银行国有化的法令，1917年12月27日，赤卫队占领了圣彼得堡的全部私人银行和信贷机构。当晚全俄中央执行委员会通过了列宁起草的银行国有化的命令，并于28日通电全国。根据这项法令，全部私人银行一律收归国有，同国家银行合并，并宣布银行为国家垄断。[②] 银行国有化后，苏俄成立了俄罗斯社会主义联邦共和国人民银行，作为国家全面掌控的银行。收归国有的所有商业银行的全部资产负债均转为国家银行的资产负债，并暂时委托国家银行委员会负责管理收归为国有的银行。同时，法令还指出将充分保障小额存款者的利益。[③]

1918年1月26日苏俄政府颁布法令，没收私人银行的股份资本，禁止对已没收的股票支付利息，禁止一切股票交易。前商业银行与国家银行的合并工作到1919年底宣告完成。1919年12月所编制的银行清理的资产负债表中所载的移交人民银行的资产负债总值为127亿余卢布，这个金额约占前商业银行资产负债总额的95%。苏俄政府还对不动产抵押银行进行清理，因为实行土地国有化，不动产抵押已经没有存在的必要。1917年12月9日颁布法令，关闭国立贵族土地银行和农民土地抵押银行，并委托国家银行办理其清理业务。1919年5月17日苏俄

---

① 朱显平：《俄罗斯银行体制和信贷企业研究》，吉林人民出版社，2005，第1、2页。
② 中国银行国际金融研究所课题组编著《苏联金融七十年》，中国书籍出版社，1997，第133页。
③ 中国银行国际金融研究所课题组编著《苏联金融七十年》，中国书籍出版社，1997，第133页。

政府颁布清理城市信用社和省信用公司的法令,这些法令正式宣告不动产抵押银行的结束。① 1918年还陆续关闭了相互信用公司,其一切现金移交俄人民银行。取消了外国银行(里昂信贷银行和花旗银行)设立的分支银行。② 在较短时间内,苏联实现了银行国有化。

(二)"战时共产主义"与银行的消亡

1918年春季苏俄爆发了国内战争,苏俄进入了"战时共产主义"阶段。"战时共产主义"要求整个国家变成一个军营,集中调动一切人、财、物保卫国家安全。在银行、大型工业企业已经国有化的条件下,苏俄开始对中型工业和部分小企业进行国有化。1919年1月制定了余粮收集制,实行有劳动能力居民的普遍劳动义务制,禁止粮食和其他必需品的私人贸易,经济实物化导致了货币、信贷和财政作用的减弱。绝大部分社会产品是无偿地(或接近无偿地)集中到苏维埃国家手里③。"战时共产主义"条件下,苏俄的经济资源直接使用它的财政资源,并且由于市场流通范围极为狭小,纸币只起次要作用。④ 列宁认为:"单靠银行国有化这一项措施来同资产阶级掠夺的这种残余作斗争是不够的。俄共将力求尽量迅速地实行最激进的措施,为取消货币作好准

---

① 中国银行国际金融研究所课题组编著《苏联金融七十年》,中国书籍出版社,1997,第133页。
② 中国银行国际金融研究所课题组编著《苏联金融七十年》,中国书籍出版社,1997,第133、134页。
③ 苏联科学院经济研究所编《苏联社会主义经济史》第一卷,三联书店,1979,第314页。
④ 苏联科学院经济研究所编《苏联社会主义经济史》第一卷,三联书店,1979,第314页。

备，首先是以存折、支票和短期领物证等等来代替货币，规定货币必须存入银行等等。准备和实行这些和诸如此类的措施所取得的实际经验将表明哪些措施是最适当的。"①

1918年8月19日人民委员会决议，国有化企业由苏维埃政权直接管理，实行预算拨款制，不再提供银行贷款，于是俄罗斯人民银行的信贷业务日益萎缩，银行变成了国家的出纳机关。在战争条件下，企业实行预算拨款制、机关实行财务管理最为方便，也是较为合理的办法，但这种情况导致金融体系的活动日趋衰退。1920年1月19日人民委员会法令取消俄罗斯人民银行。正式文件说明："工业的国有化把最重要的生产与供应部门集中到国家手里，所有的国营工业与商业都服从于统一的预算制度，这种情况使得名符其实地作为国家信用机关来进一步利用人民（国家）银行，已经完全没有必要。"② 从1920年1月19日到1921年10月11日，苏俄全国已不存在信用机构，国有化的金融体系消失。苏俄人民银行的分支行也被改组为省和县财政部门的一个机构。

三 "新经济政策"时期银行体系的重建及演变

1920年虽然苏俄国内战争基本结束，但是苏维埃政权面临着较为严重的经济问题。经过4年世界大战和3年国内战争，国民经济处于濒临崩溃的状态。1914～1923年，苏俄丧失1300万人

---

① 《列宁选集》第3卷，人民出版社，1995，第729页。
② 中国银行国际金融研究所课题组编著《苏联金融七十年》，中国书籍出版社，1997，136页。

口，经济处在19世纪下半叶沙皇俄国的经济水平。1920年大工业的产值比战前几乎减少了六七成。1920年的农业产值仅为沙皇俄国时期的65%，粮食和其他必需的食品严重短缺，30%的铁路停运。① 由于经济陷入泥潭，国内各阶层对苏维埃政权产生了不满情绪。列宁承认"农民的骚乱来势很猛，工人中间也有不满情绪。他们已经筋疲力尽了。人的精力毕竟是有限的啊。他们已经饿了三年肚子，但不能四年五年地饿下去。饿着肚子，政治积极性自然大受影响"。②

为恢复国民经济，巩固政权稳定，苏俄开始推行"新经济政策"。列宁认为："无产阶级国家只要不改变本质，在一定限度内，在国家调节……的条件下，是可以容许贸易自由和发展资本主义的。"布哈林提出："据我看来，新经济政策的决定性因素是存在市场关系——在这种那种程度上。这是最重要的标准，它规定了新经济政策的实质。"③ 新经济政策的重要特征就是逐步恢复商品的货币关系。人民委员会1921年11月6日在《关于贯彻新经济政策原则的指令》中指出："应当采取措施发展国营的和合作社的商品交换，而且不应当只限于地方流转范围，在可能的和有利的地方应当转为货币交换方式"。④ "新经济政策"实施后，农民手中富裕的农产品开始逐步恢复商品交换，对工业的管理也开

---

① 郑异凡：《新经济政策的俄国》，人民出版社，2013，第2页。
② 《列宁全集（第四十二卷）》，人民出版社，第54页。
③ 中央编译局国际共运史研究室编《布哈林文选》下册，人民出版社，1983，第392页。
④ 《苏联共产党和苏联政府经济问题决议汇编》第1卷，梅明等译，中国人民大学出版社，1984，第270页。

始朝非集中化的方向进行改组。战时共产主义时期特有的总管理局和各种中心逐步取消，苏俄开始从实物支付过渡到货币支付。

1921年4月苏俄提出建立国家银行。1921年10月4日全俄中央执行委员会颁布法令称，为了促进工业、农业和商业的发展，为了货币周转集中起来并贯彻其他旨在建立正确的货币流通的措施，决定成立国家银行，[1] 11月16日俄联邦国家银行成立。国家银行的任务是促进信贷和其他银行业务，促进工业、农业和商业周转，还有集中货币周转以及实施旨在建立正常的货币流转的措施。[2] 虽然1921年国家银行开业之初就提出它除了完成建立稳定的货币流通系统这一主要任务外，还需要给国营工业、合作社、农业以及私人企业提供贷款，但是至1922年秋季发行切尔文银行券之前，国家银行没有给国营以及其他组织以任何贷款。[3]

随着苏俄商品经济的发展，商业信用的扩张，使得社会对银行的需求不断增加，苏俄1922年1月起开始组织信贷和贷款及成立储蓄协作社。1922年2月在国家银行的帮助下，成立作为股份公司的消费合作银行。1922年10月以股份公司的形式成立工商银行。俄罗斯工商银行直接隶属最高国民经济会议，其主要职能是办理国营工商业的信贷、结算与出纳业务。1922年俄罗斯工商银行的股份比例见表2-3。

---

[1]《苏联共产党和苏联政府经济问题决议汇编》第1卷，梅明等译，中国人民大学出版社，1984，第281页。
[2] 郑异凡：《新经济政策的俄国》，人民出版社，2013，第125页。
[3] 郑异凡：《新经济政策的俄国》，人民出版社，2013，第131页。

表 2-3 俄罗斯工商银行的股份比例

单位：%

最高国民经济会议主席团	12.5
地方工商局	22.6
各工业部门企业	45.7
交通部门	6.3
国内商业委员部及商业部门	12.9
私人公司	0.02

资料来源：中国银行国际金融研究所课题组编著《苏联金融七十年》，中国书籍出版社，1997，第137、138页。

截止到1926年10月1日，俄罗斯工商银行有26个分行，资金184百万卢布。[①]

1922年12月，人民委员会批准了国家劳动储蓄银行的条例，苏联的第一个储蓄银行在莫斯科开业。苏联的储蓄银行重点给居民提供可靠的货币存储，也推销公债，接受居民向国营合作社和公共企业、机关、团体支付缴纳金等业务。当时认为"储蓄银行的目的——至少它的正确的经济意义，应当在于利用工人本身的远见和明辨，使有利于劳动的时间和不利于劳动的时间均衡起来，从而使工人在工业生产的周期里分配自己的工资，以便使他们的支出永远不至超过他们的最低工资，永远不低于他们最低的必需生活费"。[②] 苏联设立储蓄银行的目的在于奖励民众储蓄，以增加国家资金来从事社会主义建设，打破现金流通障碍，使存款流入市场，帮助大批商品流转。苏联工厂的工资多半在储蓄银行账户上登记，当时认为既可以节省支付手续，又可以养成劳动者

[①] 郑异凡：《新经济政策的俄国》，人民出版社，2013，第131页。
[②] 东北计划委员会统计局辑译《"国际经济"论文选第一辑》，三联书店，1951。

以银行信用代替流通货币的习惯。1924年11月1日苏联的储蓄银行储户达到53.7万人，储金达到1100万卢布，1930年，储金总额达到70750万卢布。[①]

1923年苏联建立了农业信用体系。1923年11月设立乌克兰农业银行，12月设立白俄罗斯农业银行。共和国农业银行是股份银行，绝大部分由政府出资，是苏联的农业生产信贷中心。1924年2月1日，苏联成立苏联中央农业银行，主要任务是通过农业银行发放贷款来促进农业技术改良、扩大播种面积、改善农产品销售条件等。苏联中央农业银行可以办理5年以内长期贷款和1年以内短期贷款。苏联中央农业银行可通过共和国农业银行和农业信用公司办理贷款，也可直接办理贷款。它的贷款大部分是生产贷款。它的信贷资金的主要来源是国家银行长期放款和国家预算资金。[②] 到1929年苏联农业金融体系拥有1家中央农业银行，6家共和国农业银行，45家农业信用协会，105个农业信用协会分会，55个信用合作联社，2643个信用合作社。[③]

1923年苏联还建立了公用事业银行体系。1923年1月2日正式成立了莫斯科市立银行，主要从事公用事业的贷款。该银行体系是以国家资金为主的地方公用事业股份银行。其作用是为恢复发展遭战争破坏的公共事业和住宅提供资金。主要业务有：（1）对地方公用事业放款；（2）对地方居民提供住宅建设所需的各种贷

[①] 蔡丹华编《计划经济》，上海南强书局版，1933，第168页。
[②] 中国银行国际金融研究所课题组编著《苏联金融七十年》，中国书籍出版社，1997，第138、139页。
[③] 徐唐龄、肖志平、文世良主编《37个国家的农村经济金融概览》，湖南科学技术出版社，1996，第32页。

款；(3) 对地方国营企业、合作社、私营企业提供信贷。① 1924年有17个公用事业银行和78处分行，1926年已达46个公用事业银行和193处分行。苏联还成立了中央公用事业银行，1925年1月17日批准的章程规定其职能是通过长、短期信贷以促进苏联境内公用事业和住宅建设得到恢复和发展。中央公用事业银行不在地方设立分行，它与地方银行之间仅限于信贷业务关系，它通过地方银行办理业务，但在西伯利亚与乌克兰设有自己的办事处。地方银行成立初期，短期信贷超过长期信贷，中央公用事业银行从开设起就主要从事长期信贷业务。② 公用事业银行的创始者可以仅是各省的执行委员会，也可以有私人资本的参加，但是苏联政府规定执行委员会在公用事业银行中所占的股份必须在50%以上（公用事业银行的资金来源见表2-4）。③ 长期贷款的业务在公用事业银行体系中占有主要的地位，中央公用事业银行50%的基本资金要用于长期投资，地方公用事业银行则规定要在25%以上。

表2-4 公用事业银行的资金来源

	1925年		1926年	
	资金（百万卢布）	占比（%）	资金（百万卢布）	占比（%）
由国家预算供给的国家机关	34.5	95.3	104.5	96.8
实行经济核算的国家机关	1.5	4.2	1.5	1.4

① 孙树茜、张贵乐编著《外国银行制度》，中国金融出版社，1984，第173页。
② 中国银行国际金融研究所课题组编著《苏联金融七十年》，中国书籍出版社，1997，第139页。
③ 吉雅琴科：《新经济政策时期的苏联财政》，何南译，五十年代出版社，1951，第237页。

续表

	1925年		1926年	
	资金（百万卢布）	占比（%）	资金（百万卢布）	占比（%）
执行委员会	0.04	0.1	0.3	0.3
工商业	0.04	0.1	0.5	0.4
合作社	0.05	0.1	0.2	0.2
信贷机关（地方公用事业银行）	0.06	0.2	0.9	0.9
总计	36.19	100	107.9	100

资料来源：吉雅琴科：《新经济政策时期的苏联财政》，何南译，五十年代出版社，1951，第240页。

1924年苏联建立了对外贸易银行，其目的是促进对外贸易及与出口有关的国内工业和商业的发展。1922年建立合作信用银行体系，这是一个为几千个消费合作社和生产服务社服务的消费合作银行。1923年改组为全俄合作银行，使其不仅为消费合作社服务，还对各种合作社给予经济、信贷上的支援。这家股份形式的合作银行，只有合作社才能参与股份，这家银行利用所动员的闲散资金，对各类合作组织发放短期贷款和长期贷款。全俄合作银行拥有管辖行、分行、办事处等各级机构网络，在巩固和发展消费合作社、手工业合作社和农业合作社方面发挥了积极的作用。[①]苏联还于1924年成立了电气化银行。电气化银行成为推动苏联电气化发展的重要部门。

1922年底苏俄还存在互助合作社的私人信用机构，其主要吸收城市手工业者、家庭工业者以及小商贩的资金，并为他们提供

---

① 孙树茜、张贵乐编著《外国银行制度》，中国金融出版社，1984，第173页。

贷款。一些工商业资本家也可参加这种信用机构的活动。随着合作化的发展，这类机构到1928年后就逐渐趋于消亡。[①] 1922年10月曾设立俄罗斯商业银行，瑞典还注入资金514.6万美元，该银行的职能是促进苏联商业，主要业务是发展和外国的商业周转。原本打算利用它办理外贸清理业务，但实际上该行主要从事国内私人商业信贷业务。1924年该行被取消。[②]

"新经济政策"时期，苏联银行体系中起领导作用的是苏联国家银行，低一层级的是：苏联中央农业银行、俄罗斯工商银行、全俄合作银行、对外贸易银行、电气化银行、中央公用事业银行和住宅建设银行。然后是共和国和区域一级的银行：莫斯科市银行，远东、中亚、俄罗斯、乌克兰、白俄罗斯和外高加索农业银行以及其他银行，1926年总计18个银行。最基层的是地方信贷机构：地方公用事业银行、农业信贷社、信贷互助社、市抵押银行和储蓄所。1926年共有12400个大、中、小信贷机构（不计支行和分行）。[③]

1921年开始的新经济政策时期，随着商品经济的恢复，商品之间的货币关系逐步恢复，银行体制也发生了变化。从"战时共产主义"时期取消银行和信贷，到逐步重新组建银行，形成了以国家银行为主导的银行体系。在苏联银行体制中，国家银行是银行体制的主要环节，它以短期贷款为主。而其他的专业银行既可办理长期贷款，又可办理短期贷款，多形式、平行发展的银行体

---

① 孙树茜、张贵乐编著《外国银行制度》，中国金融出版社，1984，第173页。
② 中国银行国际金融研究所课题组编著《苏联金融七十年》，中国书籍出版社，1997，第140页。
③ 郑异凡：《新经济政策的俄国》，人民出版社，2013，第132页。

制为苏联新经济政策时期国民经济恢复做出了突出贡献。①

1926年,随着恢复国民经济等任务的完成,苏联开始着手推进大规模工业化,为此国家需要筹集大量的资金。但银行的短期贷款和长期贷款中存在严重的"平行主义",即某一经济组织可以从几个不同的银行得到贷款。当时认为这不利于国家对经济的计划管理,不利于政府监督和领导企业节约使用资金。1926年苏共十五大提出,由于苏联已经开始从国民经济恢复时期过渡到社会主义改造时期,因此必须在组织上改组经济机关,特别是信用系统。强调要巩固国家银行的领导作用和消除各银行在对国民经济各部门、企业信贷服务中实行的平行主义。1927年6月15日,苏联中央执行委员会和最高国民经济会议联合颁布了《信贷制度构成原则》的决议。决议首先要求对银行信贷工作要加强有计划的集中领导。为达到这一目的,要求各个专业银行和地区银行将自己的信贷计划上报国家银行,再由国家银行制订全国信贷计划。同时决议还把银行事业委员会改组为隶属国家财政部领导,由财政部人民委员担任委员会主席;其次,进一步加强国家银行对其他银行的支配作用,强调国家银行有权要求各专业银行提交资产负债表、关于顾客借款和欠款的报告、关于活期存款和定期存款的报告等。各专业银行把多余资金存入国家银行并只能向后者借款。授权国家银行参加各专业银行理事会和监察机关并增加在它们那里的股金。决议案规定国家预算、储蓄银行、国家机

---

① 辽宁大学科研处编《辽宁大学研究生论文选82届硕士论文》,辽宁大学科研处,1982,第254页。

关、社会保险机关的资金必须存入国家银行。[①] 1928 年 2 月 14 日，苏联又通过决议，将工业银行和电气化银行合并，成立了工业和电业长期贷款银行，将它们的短期贷款业务交给国家银行。1929 年苏联开展了"一五"建设，苏联高度集中的经济体制替代了"新经济政策"，银行体制面临着新的变化。

第二节　国民经济恢复时期新中国银行体制的建立

新中国成立前在国民党统治地区中国形成了以"四行二局一库"的官僚资本为主体的银行体系。新中国成立前夕，在通货膨胀的冲击下，许多银行专注于投机，银行体系较为混乱。新中国成立之后，中国接管了国民政府银行业的官僚资本，迅速控制了金融体系。1952 年中国金融体系进行了全行业公私合营，最终完成了私营银行产权的根本变革，建立了以中国人民银行为主导的新中国银行体系。

一　新中国成立前的银行体系

（一）国民党统治地区银行体系

1. 官僚资本为主体的银行体系

国民党政府逐步形成了以"四行二局一库"（四行指中央银行、中国银行、交通银行、中国农民银行；二局指中央信托局、

---

① 〔苏〕阿特拉斯：《苏联信用改革》，李绍鹏译，三联书店，1955。

邮政储金汇业局；一库指中央合作金库）为主导的银行体系，这些银行被国民党官僚资本控制，它们从资金上掌握着旧中国的经济命脉。

中央银行成立于1928年11月，总部最初设立在上海，抗战时期迁移重庆，抗战胜利后回到上海。中央银行具有国家银行职能，拥有经理国库、发行兑换券、铸造银圆等特权。

中国银行、交通银行成立较早，中国银行前身是清政府的大清银行，交通银行则始建于1908年。这两家银行本身实力较为雄厚，在当时国民政府时期的经济界扮演较为重要的角色。1928年、1935年国民政府分别以"参股""增资"等方式，将中国银行和交通银行先后改组为政府特许的"国际汇兑银行"和"发展全国实业之银行"，中国银行和交通银行均代理一部分国库事宜，并发行钞票。[1]

1930年12月到1931年7月，蒋介石连续向中央革命根据地发动了三次反革命"围剿"，均遭失败。为了准备第四次反革命"围剿"，稳定在农村的统治，打算成立豫鄂皖赣四省农民银行，但因条件暂不具备，便于1932年11月先行设立农村金融救济处，以解燃眉之急。第四次反革命"围剿"失败后，为发动第五次反革命"围剿"，在原先设立的农村金融救济处的基础上，成立了豫鄂皖赣四省农民银行（后简称四省农民银行），总行设于汉口。1935年6月4日，国民政府公布了《中国农民银行条例》，将原四省农民银行正式改组为中国农民银行并开始营业。这家银行完全是为蒋介石发动战争而设立的，曾

---

[1] 尚明主编《当代中国的金融事业》，当代中国出版社，2009，第6页。

提出"军队开到哪里，机构设到哪里"的反动口号。① 全国银行总行中，政府银行为中央银行、中国银行、交通银行和中国农民银行4家，省市地方银行26家，其余134家为商业银行，包括商业储蓄银行73家，农工银行36家，专业银行15家，华侨银行10家。1937年中央银行、中国银行、交通银行、中国农民银行四家政府银行实收资本总额1.675亿元，全国商业银行实收资本总额8324.3969万元；中央银行、中国银行、交通银行、建设银行四行放款总额为19.129亿元，占全国各银行放款总额的55.2%；四行存款总额为26.764亿元，占全国各银行存款总额的58.8%。②

国民政府还在1930年和1935年先后成立了邮政储金汇业总局和中央信托局。邮政储金汇业总局的业务，主要是吸收储蓄、经营居民汇兑、发放抵押贷款、办理保险等。中央信托局当时是国内最大的信托垄断组织，主要办理信托、保险、储蓄业务，经办军火进口、垄断重要出口物资收购等国民党政府交办的事务。③

1939年9月8日，国民政府宣布设立"中央、中国、交通、中国农民四银行合组联合办事处，负责办理政府战时金融政策有关各种业务"，四联总处设置理事会。蒋介石以中国农民银行行长身份担任理事长，中央银行、中国银行和交通银行的最高负责人孔祥熙、宋子文、钱永铭为常务理事。④

1946年上半年，四联总处重新订定四行二局的业务范围。中央

---

① 戴建兵、陈晓荣编著《中国货币金融史》，河北教育出版社，2006，第253页。
② 中国银行经济研究室编《全国银行年鉴》（民国26年），转引自吴景平著《政商博弈视野下的中国近代金融》，上海远东出版社，2016，第19、20页。
③ 尚明主编《当代中国的金融事业》，当代中国出版社，2009，第7页。
④ 吴景平：《政商博弈视野下的中国近代金融》，上海远东出版社，2016，第29页。

银行的工作重心是执行银行之银行的业务，供应三行二局的业务资金，包括重贴现、转质押、拆款等；协助三行二局调拨头寸，包括军政汇款头寸的调度，侨汇头寸的调拨，一般业务头寸在国内各地的调剂等；改进国库收支处理程序，以控制库款，便利领用机关动用为原则。中国银行的工作重心是推进国内外贸易的发展，包括协助出口贸易，调剂进口贸易，经办外汇业务，协助国内贸易的发展。交通银行的工作重心是促进经济建设，包括协助交通事业的整理、改善和拓展，协助发展各大都市的公共事业。策划协助国内各项工矿事业的发展由中国银行、交通银行两行共同负责。中国农民银行的工作重心是发展农村经济，包括协助大小型农田水利建设、特种农业生产、沿海各地渔业等；策划农业运销业务；发放农产改良贷款；进行农产加工，以不和中国银行、交通银行两行业务范围重复为原则。中央信托局的工作重心是拓展信托业务，包括协助发展运输仓储业务，扩大经营地产业务，发展保险业务，加强信托购料业务。邮政储金汇业局的工作重心是普遍推行小额储蓄，便利小额汇款，普遍推行简易人寿保险。[1]

1946年，国民政府以"调解合作事业"的名义，设立了中央合作金库，办理各种存款、放款一级信托、仓运业务。进一步加强了国民政府对金融的控制。

（1）官僚资本通过各种手段，大肆开办银行。截至1946年底，国统区有银行3489家，官营机构就有2446家，占70%以上，仅四行二局的总分支机构就达852处。1946年11月又设立中央

---

[1] 叶世昌、潘连贵：《中国古近代金融史》，复旦大学出版社，2001，第386页。

合作金库，总库设在南京。至此，国民党四行二局一库形成完整的金融垄断体系。

（2）四行二局一库集中了大量的货币资本，1946年四行的存款达54881亿元，占全国银行业存款的91.7%，比1943年的存款额增加了130倍。

（3）在全国银行的放款比重中，官僚资本银行1936年占全国各银行放款总额的51%，1947年6月则上升到93.3%，民族资本银行则从1936年的49%下降到1947年的6.7%。四行二局一库垄断了全国的放款业务。①

2. 民族资本银行与钱庄的发展

从1897年成立中国通商银行之后，民族资本银行和钱庄也开始了发展。到1936年底，民族资本银行有135家，占全国银行总数的82.3%。民族资本银行中规模较大的有"南三行"，浙江兴业银行、浙江实业银行和上海商业储蓄银行；"北四行"，盐业银行、金城银行、大陆银行和中南银行。此外聚兴诚银行、中国实业银行、中国农工银行等也有较大的实力。1946年底，商业银行的总行数量从1937年6月的134家上升到187家，分支银行从572家上升到985家。②。

抗战以后，国统区日渐陷入恶性通货膨胀的泥潭，投机之风盛行，在上海、天津、广州、汉口等大城市一度促进了钱庄业的畸形繁荣。民族资本银行因国民党推行金圆券等经济政策，导致

---

① 戴建兵、陈晓荣编著《中国货币金融史》，河北教育出版社，2006，第256页。
② 吴景平：《政商博弈视野下的中国近代金融》，上海远东出版社，2016，第31页。

财产损失惨重，为挽回损失，民族资本银行开始逐渐依赖囤积居奇、投机牟利。而钱庄就是在这通货膨胀的大背景下畸形发展起来，1946年全国钱庄有454家。[①] 银行与钱庄主要是依赖投机与高利贷，依靠买卖黄金、美钞、美汇，以及囤积纱布或粮食等重要商品获取暴利来生存。平津解放以后，中国共产党曾对平津200家以上的行庄实际情况做了调查，他们资金的96.6%以上是从事直接或间接投机的。[②]

（二）革命根据地的银行体系

北伐时期，中国共产党在湖南衡山县柴山洲特区开展农民运动，并于1926年成立了柴山洲特区第一农民银行，发行了用白布印制的票币，并发放贷款、发展消费合作社，这是在中国共产党领导下最早成立的金融组织。[③] 土地革命时期，共产党在根据地也陆续成立了银行。例如1930年3月革命根据地建立"闽西工农民主政府"，1935年11月下旬，中华苏维埃共和国国家银行改组为国家银行西北分行，由西北办事处财政部部长林伯渠兼任行长，1937年1月3日国家银行西北分行迁至延安。同年10月1日，西北分行改组为陕甘宁边区银行。

抗战之后逐步建立了中州农民银行、南方人民银行、内蒙古人民银行、关东银行、长城银行等形成国营银行的雏形。革命根据地的银行总的任务是发展革命根据地的经济，支援革命战争。

---

① 尚明主编《当代中国的金融事业》，当代中国出版社，2009，第8、9页。
② 南汉宸：《新民主主义的金融体系和国家银行的任务》，中国社会科学院、中央档案馆编《1949—1952中华人民共和国经济档案资料选编（金融卷）》（下简称《1949—1952金融卷》），中国物资出版社，1996，第9、10页。
③ 胡彦龙主编《新中国金融史》，云南大学出版社，1993，第2页。

在极端恶劣战争条件下，在被包围和被隔离的状态中，各根据地相对独立，统筹自给，陆续发行自己的货币。抗日战争时期革命根据地银行概况见表2-5。

表2-5　抗日战争时期革命根据地银行概况

银行名称	成立时间	结束或撤并时间	发行货币名称	银行行址
陕甘宁边区银行	1937年	1947年12月与西北农民银行合并	陕甘宁边币	延安
晋察冀边区银行	1938年3月	1948年5月并入华北银行	晋察冀边币	山西五台县石咀镇
冀南银行（晋冀鲁豫边区）	1940年4月	1946年1月并入冀南银行	鲁西币	山东范县观城
北海银行（山东根据地）	1938年8月	1948年12月1日并入中国人民银行	北海币	山东掖县，后迁临沂
西北农民银行（晋绥边区）	1940年5月	1948年12月1日并入中国人民银行	西农币	山西兴县
江淮银行	1941年	1945年8月并入华中银行	江淮币（统称抗币）	苏北盐城
淮南银行	1942年	1945年8月并入华中银行	淮南币（抗币）	皖东盱眙县
淮海银行	1942年	1945年8月并入华中银行	淮海币（抗币）	苏北沭阳县
盐阜银行	1942年	1945年8月并入华中银行	盐阜币（抗币）	苏北盐城县
淮北地方银号	1941年	1945年8月并入华中银行	淮北币（抗币）	皖东北泗水县
江南银行	1945年春	1945年9月以后随军队转移撤销	抗币	茅山地区
鄂豫边区建设银行	1941年	1945年9月以后随军队转移撤销	建行币	随县等地，后转大别山区

续表

银行名称	成立时间	结束或撤并时间	发行货币名称	银行行址
大江银行	1944年	1945年9月以后随军队转移撤销	大江币	皖中无为县
浙东银行	1945年1月	1945年10月以后随军队转移撤销	抗币	浙江四明山地区

资料来源：尚明主编《当代中国的金融事业》，当代中国出版社，2009，第10页。

随着国内解放战争的深入，解放区不断扩大，又陆续成立新的银行，金融机构不断壮大。这些银行的工作重点还是支援战争，繁荣当地经济。解放区新成立的主要银行概况见表2-6。

表2-6 解放战争时期解放区新成立的主要银行概况

银行名称	成立时间	结束或撤并时间	发行货币名称	银行行址
华中银行[①]	1945年8月	1949年组建为中国人民银行华东区行	华中币	江苏淮阴
东北银行[②]	1945年11月	1951年4月组建为中国人民银行东北区行	东北地方流通券	沈阳→哈尔滨→沈阳
热河省银行	1946年	1948年2月	地方流通券	赤峰
长城银行	1948年2月	1950年	地方流通券	承德
东蒙银行	1946年3月	1947年6月改组为内蒙古银行	暂行流通券	乌兰浩特
内蒙古银行	1947年6月	1948年6月改组为内蒙古人民银行	内蒙币	乌兰浩特
内蒙古人民银行	1948年6月	1951年4月组建为中国人民银行内蒙古区行	新蒙币	乌兰浩特

第二章 | 苏联与新中国成立之初银行体制建立

续表

银行名称	成立时间	结束或撤并时间	发行货币名称	银行行址
中州农民银行	1948年6月	1949年组建为中国人民银行中原区行	中州币	豫西地区→郑州
裕民行（广东潮汕解放区）	1948年	1949年7月并入南方人民银行	裕民流通券	揭西县大北山
新陆银行（广东东江解放区）	1949年春	1949年7月并入南方人民银行	新陆流通券	陆丰
南方人民银行	1949年7月	1949年底组建为中国人民银行华南区行	南方币	揭西县河婆
华北银行③	1948年5月	1948年12月改组为中国人民银行	沿用冀南币、晋察冀边币	石家庄
中国人民银行	1948年12月1日		人民币	石家庄

注：①华中银行。1945年8月抗日战争胜利以后，处在江苏、安徽长江以北地区的新四军的江淮、淮南、盐阜、淮海、淮北五处根据地连成一片，成立了苏皖边区政府（设在苏北淮阴县）。这五处根据地的银行合并为华中银行，发行华中币，第一任行长为陈穆。原江南、浙东、大江、鄂豫边区建设银行随军队转移撤销。1946年组建为中国人民银行华东区行。

②东北银行。1945年11月成立东北银行，发行地方流通券，总行设在沈阳，第一任经理为叶季壮。解放战争初期，东北地区尚处于分割状态，中共东北局根据当时的形势，批准在旅大市和辽北、辽西、辽东、吉林、龙江、合江、松江等省分别建立银行，这些银行以后随着东北地区行政区划的变动，合并成为东北银行的辽宁省分行、黑龙江省分行、吉林省分行。1951年4月，东北银行组建为中国人民银行东北区行。

③华北银行。1948年4月晋冀鲁豫边区和晋察冀边区正式合并为华北解放区，5月下旬成立华北人民政府，同时，冀南银行与晋察冀边区银行合并为华北银行，未发行新的货币，沿用冀南币与晋察冀边币，总设在石家庄，南汉宸任总经理，胡景沄、关学文任副总经理。华北银行的组织机构，除石家庄市分行和第一、第二出入口银行、阳泉市分行外，还有原晋察冀边区的北岳分行、冀中分行和晋冀鲁豫边区的冀南分行、冀鲁豫分行、太行分行、太岳分行等分支行处200余处。1948年12月1日华北银行与北海银行，西北农民银行合并组成中国人民银行。

资料来源：尚明主编《当代中国的金融事业》，当代中国出版社，2009，第21页。

033

二 人民银行的建立

1947年中共中央成立华北财办,筹建全国性银行成为华北财办的重要任务。1948年7月华北银行成立,华北财办的"人民银行筹备组"的工作由华北银行承担。华北银行既负责华北地区银行业务管理和货币统一工作,又负责全国性人民银行的筹建和各解放区货币统一的具体筹备工作。[①] 1948年11月22日中共中央发布命令,决定把华北银行、北海银行、西北农民银行合并成立中国人民银行,并于1948年12月1日发行人民币(第一套货币)。[②] 到1949年末,除东北地区的东北银行和内蒙古人民银行暂时保留外,其他各解放区的银行,先后改组为中国人民银行所属机构。如北海银行改组为中国人民银行山东分行;中州农民银行改组为中国人民银行中原区行,后又改称为中国人民银行中南区行;西北农民银行改组为中国人民银行西北区行;华中银行改组为中国人民银行华东区行;南方人民银行改组为中国人民银行华南分行。各区行下设省、市分行,地区中心支行、县支行和街道办事处、营业所、储蓄所。[③]

新民主主义金融体系中,包括人民银行、专业银行、公私合营银行及私营金融业。人民银行是统一的国家银行,是金融体系的中枢。

[①] 姜宏业:《中国金融通史》(第五卷),中国金融出版社,2008,第340页。
[②] 中国人民银行编著《中国共产党领导下的金融发展简史》,中国金融出版社,2012,第87页。
[③] 中国人民银行编著《中国共产党领导下的金融发展简史》,中国金融出版社,2012,第87页。

当时认为:"在建行问题上,国民党四行二局一库,自成系统,事权分割,派系摩擦,争权夺利的恶劣传统必须取消。"强调"银行工作必须实行适当的专业化,但这里专业只是在统一集中下的分工";"各地人民银行应成为当地的金融主脑,各专业行、部归当地人民银行领导,暂不建立全国性的垂直系统,以便各地统一货币信用的管理"①。

当时提出,中国银行为人民银行领导下经营外汇的专业银行。机构建设采取总、分、支三级制。其在国内的分、支机构(主要应设在沿海),受中国银行总处及当地人民银行的双重领导,其在国外的机构,受中国银行总处直接领导。

交通银行为人民银行领导下的、管理国家对公私合营企业的投资和办理国家预算对国营企业的基本建设拨款及办理长期信用贷款的专业银行。机构建设采取总、分、支三级制。其下属行处,受交行总处与当地人民银行的双重领导。

公私合营银行为人民银行领导下的、执行政府金融政策法令、经营一般银行业务的卫星银行。它的任务是集中私人资金,扶助正当工商业的发展。对私营行庄进行广泛的联合与正当的竞争。

私营行庄在国内由于私人资本主义所有制的存在,尚有留存的必要。但应当指导运用行庄的力量以扶助国内正当工商业的发展。

新的金融体系,是以人民银行为主体,领导与扶助专业银行及公私合营银行,监督与运用私营行庄,从而使整个金融事业能

---

① 中国人民银行总行:《六、七月综合报告》,《1949—1952 金融卷》,第 18 页。

更好地服务于国民经济的恢复与发展。①

随着解放战争的深入，国统区逐渐被解放，各地的人民银行也陆续建立起来。以上海为例，上海解放之初，人民政府一方面接管伪中央银行和伪上海市银行，另一方面建立人民银行。在新机构未健全以前，政府仍利用已接管的国民党建立的中国银行代办折实储蓄，并由原交通银行协助它。在建立人民银行的过程中，根据党中央华东局克服困难六大任务号召，对旧机构旧人员加以整编。中国银行、交通银行两行的储蓄部并入中国农民银行，设立合作储蓄部，中国银行、交通银行两行的信托部合并组成信托部。这样可使储蓄与信托的业务顺利展开。②

三　没收银行中的官僚资本

1949年3月20日，中共中央确定："国民党反动政府的中央、中国、交通、农民四行和合作金库及其一切产业，经各地军事管制委员会接收后，原则上应交由中国人民银行负责接管，暂时得委托我各地军管会代管。其他国民党统治区的地方政府银行及官僚资本银行，均归我各地方银行接管。"③ 北京和天津城内的交通银行首先迎来了接管和清理。1949年5月上海解放，交通银行总管理处、上海分行及外地撤退来沪的分支机构一并由上海市

---

① 银行月刊编委会：《在争取财政经济状况的基本好转期中国家银行的主要工作》，《1949—1952 金融卷》，第 48 页。
② 中国人民银行上海分行：《壮大国家银行，普遍建立金融网》，《1949—1952 金融卷》，第 48、49 页。
③ 《中共中央关于财经工作及后方勤务工作中若干问题的决定》，《1949—1952 金融卷》，第 17 页。

军事管制委员会派出代表接管。通过系统的清理，交通银行各种历史遗留问题得到较好解决，股东和债权人的权利也得到了妥善的保障，为全国性复业奠定了基础。[1]

1949年9月召开的中国人民政治协商会议通过了《共同纲领》，其明确提出"金融事业应受国家严格管理。货币发行权属于国家。禁止外币在国内流通。外汇、外币和金银的买卖，应由国家银行经理。依法营业的私人金融事业，应受国家的监督和指导。凡进行金融投机、破坏国家金融事业者，应受严厉制裁"。

新中国成立以后，人民政府对于国民党中央政府、省政府、市县政府直接经营的银行一律收归国有，没收官股。四大家族及大官僚、大战犯所经营的商业银行如山西裕华银行、东亚商业银行，经查实后全部收归国有，没收官股。如果有民族工商业家的私人股份，经调查属实者，承认其所有权。凡属官商合办者，如中国通商银行、中国实业银行、四明银行、新化信托储蓄银行，由人民政府监理。[2]

1949年人民政府接管中国银行的总管理处及各地分支机构，政务院于1950年指派公股董事监察人及董事长。中国银行逐步改造成为新中国的外汇专业银行。中国银行建立总、分、支三级机构，国内各级分、支行受中国银行总管理处及同级人民银行领导，国外机构直接受总管理处领导。中国银行改组后，其股本分为60万股，其中1/3为私股，以股份有限公司的组织方式经营，

---

[1] 《交通银行史》编委会编著《交通银行史·第四卷》，商务印书馆，2015，第1页。
[2] 中国人民银行编著《中国共产党领导下的金融发展简史》，中国金融出版社，2012，第87页。

为公私合营的国家资本主义企业。①

人民政府接管中国银行后，没收其官股，保留私股权益，改组董事会，任命南汉宸为董事长，龚饮冰为总经理，已经在海外的原中国银行董事张公权、宋汉章等仍继续担任私股董事，职工留用。中国银行成为中国共产党领导下的经营外汇业务的专业银行。对交通银行也采取类似的办法进行接管。

人民政府接管交通银行后，将其改组改造成为经营工矿、交通事业长期信用业务的专业银行，其主要任务是：（1）统一办理公私合营企业中公股股权的清理和管理工作；（2）从1951年5月起，接受中国人民银行委托，办理国家对疾病防御体系建设投资的拨款监督工作；（3）组织领导长期资本市场。交通银行也实行总、分、支三级组织模式，总管理处下属行、处受交通银行总管理处及当地人民银行双重领导。1952年5月，为了适应国家基本建设的要求，交通银行改由中央财政部领导。② 各主要城市接管国民政府金融机构统计见表2-7。

表2-7 各主要城市接管国民政府金融机构统计（1950年1月）

单位：个

	武汉	天津	重庆	广州	上海	北京	合计
中央银行	5	1	2	3	1	8	20
中国银行	5	5	2		3	5	20

---

① 吴承明：《中华人民共和国经济史（第1卷）（1949—1952）》，中国财政经济出版社，2001，第774页。
② 吴承明：《中华人民共和国经济史（第1卷）（1949—1952）》，中国财政经济出版社，2001，第774页。

续表

	武汉	天津	重庆	广州	上海	北京	合计
交通银行	7	8	2	1	2	6	26
中国农民银行	7	5	7	1	1	9	30
中央信托局	2				1	2	5
邮政储金汇业局				4	1		5
中央合作金库		2	1	1	2	2	8
省银行	14	8	9			10	41
市银行		3	1	7		1	12
官僚资本银行		1	1		4		6
官商合办银行					5		5
其他		5	2		6		13
小计	40	38	27	17	26	43	191
接收职工	794	1197	1250	353	10671	1263	15528
	679	2024	1250	487	10157	741	15338
留用职工	687	1197	1250	353	8297	962	12746
	406	2024	1250	487	7771	732	12670
遣散职工	107				2374	301	2782
	273				2386	9	2668

注：此表系按各接收单位所在地及其所属系统统计的，如各地流亡在北京支行处即统计在北京接收栏内；各行所属之保险公司也统计在该行栏内。

说明：此表格及注皆为原文。

资料来源：《1949—1952中华人民共和国经济档案资料选编（金融卷）》，中国物资出版社，1996，第67页。Y 计划局 1949—永久—5。

对于官商合办的银行，政府没收官股，宣布其为公私合营的银行。在上海解放后，上海市军事管制委员会、财经接管委员会、金融处，对公私合营的新华、中国实业、四明及中国通商四银行，都派驻特派员，以监督审查股权资产，并进行精简。1949

年9月17日，新华银行成立了新的董事会，公股董事为中国人民银行华东区副行长谢寿天以及赵帛、韩宏绰、周耀平，商股董事为新华银行原董事长冯耿广、总经理王志莘、副总经理为孙瑞璜，共计七位董事，并推举谢寿天为董事长，冯耿光为副董事长，王志莘、孙瑞璜分别为总经理及副总经理。在此前后，实业银行、四明银行和通商银行也分别成立了临时董事会或临时行务委员会，由公股董事或公方代表参加领导。[①] 从新华银行新成立的董事会的变迁中，不难发现新中国政府在接管旧有的官商合办银行的公股之后（见表2-8），开始介入银行的管理。考虑到银行运营本身的专业性，在经理层的任命上比较尊重原有银行的领导层，但最终决策权向新中国政府派出的公方代表集中。经过改组的新华银行、中实银行、四明银行、通商银行又被称之为"新四行"。由于董事会经过改组，公司决策权发生转移，"新四行"成为中国人民银行领导下，配合政府金融政策的银行，它们也成为上海诞生的第一批公私合营银行。

表2-8　各行的公私股份的比例

单位：%

行别	公股比例	私股比例
新华	59	41
中国实业	49	51
四明	94.7	5.3
中国通商	96	4

资料来源：华东区行：《对公私合营银行的管理和领导》，《1949—1952金融卷》，第966页。

[①] 张徐乐：《公私合营：制度变迁中的上海私营金融业》，《史学月刊》2007年第11期。

四 对私营银行业的改造

中央对于私营金融业的政策是明确的:"金融事业应受国家严格管理";"依法营业的私人金融事业应受国家的监督和指导,凡进行金融投机,破坏国家金融事业者应受严厉制裁"(《共同纲领》第三十九条)。人民政府对于金融资本家主动采取限制、削弱并准备收编的方针。在不影响资产阶级情绪与金融市场的条件下,国家银行接管金融阵地,以加强国家对私人工商业的领导,统一管理足以操纵国计民生的金融事业。对于私人银行业的改造大致可以分为三个阶段。

第一阶段,新中国成立前后到1950年3月。国民党政府政权即将倾覆之即,民国政府滥发纸币,带来了严重的通货膨胀。许多私人银行、钱庄,继续进行投机,煽动物价上涨。在对工商业往来业务及吸收个人储蓄上,行庄仍然有很大势力(七大城市私人存款,行庄占71.1%)。北平、天津、沈阳三市解放时私营金融业用于投机的资金占90%以上。[①] 新中国成立初期人民银行对私营金融业的基本判断是:"(1)行庄直接间接联系投机,助长投机。直接投机是自己经营商品金银外币买卖,间接投机是资金贷放于工商业的投机性经营,助长囤积工业成品,抢购工业原料。(2)行庄从投机暴利中获得高额利润,或高利息,利润之优厚不逊战前,无需国家银行的扶助与领导,对我们敬而远之,心怀抗拒。它们在抗拒国家财经政策与国家银行的领导的情况下,

---

[①] 杨希天编著《中国金融通史》(第6卷),中国金融出版社,2002,第22页。

取得利润,而不是在服从国家财经政策与国家银行领导情况下,求取生存。"[1] 鉴于此,新中国政府对私人资本主义银行和钱庄,在贯彻利用、限制、改造的政策下,采取了严格管理的方针,颁布《私营银钱业管理办法》《金银管理办法》《外汇管理办法》。这些条例规定行庄必须重新呈报资本,其中流动资金应占70%,而且要缴人民银行查验,这削弱了行庄的资金力量;限制行庄不得开发本票;规定行庄呈缴存款的5%~10%为准备金,并经常保持存款的5%~10%以备提取,对于保留现款过少,而不能应付存款提取的即令其停业;存放款利率均由人民银行核定,严禁行庄买卖金银、外币及囤积货物;过去行庄将公款列为存款一大来源,新中国政府明令禁止机关在私营行庄存款,举办折实储蓄,争取将职工储蓄转入国家银行。在政府的控制管理下,1949年底,全国私营金融机构由1032个减少到833个,淘汰了将近20%。[2] 上海解放后到1949年底,私营行庄或因达不到新政府规定的合法经营的最低资本限额,或因经营不善、交换头寸轧缺而无法补足等原因,停业倒闭36家。[3] 但截至1949年12月,行庄仍保有存款2900亿,放款3000亿,汇兑4800亿。而当时物价上涨,利率较高(存款利息每月31%,放款利息每月95%,其中利差64个百分点,每月放款3000亿,可获利1800亿——此为旧币,笔者注),通货膨胀带给行庄的暴利,并未消失,行庄仍是

---

[1] 《中国人民银行总行关于对私营银钱业方针问题的内部指示》,《1949—1952金融卷》,第14页。
[2] 杨希天编著《中国金融通史》(第6卷),中国金融出版社,2002,第23页。
[3] 张徐乐:《上海私营金融业研究》,复旦大学出版社,2006,第96页。

不可轻视的一个力量。行庄利用物价上涨，资助工商业投机性经营以分取投机利润的现象仍然存在。

第二阶段为1950年3月到12月。1950年3月物价稳定以后，不仅金、银、外汇、商品投机从此失去基础，而且物价上涨所带来的高利率亦开始下降，行庄遭受来自经济方面的致命打击。一方面行庄由于利率下降，亏损增大，信用动摇，倒闭成风，机构由833个减为387个，人员减为1800人，行庄不得不向人民银行请求支持和领导；另一方面是国家银行对工商业的存、放款及个人储蓄的业务迅速开展，新华银行、中国实业银行等打出公私合营的牌子后，不但站稳脚跟而且大量开展业务，接防了很大的阵地，私营金融业在存放款中的比重日益削减（1950年5月私人存款，1400余亿元（旧币），国家银行占44.6%，公私合营银行占23.8%，私营银行则由之前的71.1%降为31.6%）。

上海成立了四个联营集团。第一联营集团于1950年7月1日成立，正式成员为中孚银行、中信银行、中国企业银行、中国垦业银行、中华劝工银行、和成银行、茂华银行、存诚银行、金源银行、福源银行、宝丰银行、中一信托公司，共七家银行、四家钱庄和一家信托公司。第一联营集团要求加入联营集团的成员需具有五个条件：(1) 机构本身有盈余，或有相当资产或资金递补亏损；(2) 劳资关系协调；(3) 精简节约已有具体成效；(4) 各项放款中呆滞部分不超过存款总数的20%；(5) 如期完成购买人民胜利折实公债。1951年东莱集团加入了第一联营集团。联营集团还提出了集团对成员必须履行的任务：(1) 协助成员举办各项联合业务；(2) 代表成员与公营银行订立联系合同；

（3）协助成员之间头寸的调剂，必要的时候，得以集团名义向中国人民银行请求转抵押或再贴现。为了保证未来集团的良好运作，成员行庄必须积极开展业务，增进收益，并实行经济核算制度；以每月底存款余额的10%提作为联合放款最低金额，其比例逐渐增加；按时报送各项报表，经常交换征信资料、放款对象与额度以及其他相关信息。同时，为减少资金运用风险，数额较大的放款在承做之前由集团委员会研讨决定。在组织机构方面，联营集团采取民主的委员制。每家成员行庄推举一人为委员组成委员会，作为集团最高决策机构。[①]

1950年7月1日第二联营集团成立。参加者为惇叙银行、永亨银行、正明银行、上海国民银行、上海女子银行、鸿祥钱庄、福康钱庄、顺康钱庄、振泰钱庄、恒丰钱庄、元成钱庄、中国信托公司，共五家银行、六家钱庄及一家信托公司。

1950年7月16日仁昶钱庄、五丰钱庄、永隆钱庄、存德钱庄、宏昶钱庄、志裕钱庄、春元永钱庄、信裕泰钱庄、庆成钱庄、镇兴钱庄、宝成钱庄、和泰银行等十一家钱庄和一家银行组建了第三联营集团。

1950年7月23日，同润钱庄、春茂钱庄、泰来钱庄、致昌钱庄、惠昌源钱庄、聚康兴钱庄等六家钱庄联合成立第四联营集团。[②]

1950年底统计，上海参加四个联营集团的行庄公司计银行15家、钱庄28家、信托公司2家，共计45家，约占全体私营行庄

[①] 张徐乐：《上海私营金融业研究》，复旦大学出版社，2006，第100~102页。
[②] 张徐乐：《上海私营金融业研究》，复旦大学出版社，2006，第102~104页。

公司共 65 家的 70%。① 1950 年 6 月集团酝酿成立前夕，有盈余的仅有一个集团，7 月便增加到三个集团，8 月四个集团都有盈余，其中第一联合集团盈余 16 亿元。②

1951 年 5 月，中国人民银行区行行长会议召开，会议认为进一步改造公私合营银行的时机已经成熟。5 月 27 日，中国人民银行批准成立了由新华银行、中国实业银行、四明银行、中国通商银行、建业银行 5 家公私合营银行组成的联合总管理处。联合总管理处的成立，把私营金融业的社会主义改造又向前推进了一步，对私营金融业产生了巨大影响。不久，浙江兴业银行、浙江第一银行、国华银行、聚兴诚银行、源源长银行、和成银行正式参加公私合营银行联合总管理处。再加上中国企业银行的并入，形成公私合营十二行联合管理处。金城银行、盐业银行、中南银行、大陆银行、联合银行 5 家公私合营银行于 9 月 1 日正式成立了北五行联合总管理处。公私合营银行、私营行庄合并潮流在全国大城市兴起。上海商业储蓄银行与久安信托公司在北京成立联合管理委员会。汉口 15 家钱庄改组成一个商业银行。其他地方性公私合营银行纷纷走向合并。到 1951 年 10 月，"公私合营而且实行联合管理的行处，已占全国行庄存款的 90% 以上"。实行联营联管的各行庄、公私合营银行总管理处，在"联合管理，加强组织，联营业务，统配财务"的方针下，开展经营活动。③

---

① 张徐乐：《上海私营金融业研究》，复旦大学出版社，2006，第 106 页。
② 张徐乐：《上海私营金融业研究》，复旦大学出版社，2006，第 119 页。
③ 吴承明、董志凯主编《中华人民共和国经济史（第 1 卷）》（1949—1952），中国财政经济出版社，2001，第 814 页。

第三阶段是1952年,"五反"运动中,国家银行领导行庄职工揭发了大批投机违法事实,使金融资本家威信扫地,行庄信用动摇。加上私营工商业的一度衰退,利率大幅度下降,行庄亏损已无法弥补,行庄对于金融业资本家已不是盈利工具,而是一个包袱,因此金融资本家在甩包袱的企图下,要求实行大联营即完全由国家领导。①

1952年,中国人民银行开始以行政手段全面改造私营金融业,淘汰了17个城市中的50家行庄。对资不抵债的私营银行坚决淘汰,对资产高于负债的私营银行取消行号,并入公私合营银行。1952年12月1日,全国性的公私合营银行总管理处在北京成立,它合并了公私合营十二行联合管理处、北五行联合总管理处、上海中小行庄第一联营总管理处及第二联营总管理处等5个系统60家行庄,这些原有的银行的分支机构成为公私合营银行的分行。② 银行资本家交出人、财、物大权,银行工作人员都得到妥善安置,资本家可定期得到股利。经过核查当时私营金融业的实际资本有5700亿元(旧币,折合新币5700万元),资本家按照政府规定领取年息5厘的固定股息。金融资本家的代表人物127人,均集中在董事会、财务、设计两委员会及研究室中加以安插。银行职工也得到了妥善解决。国家银行完全掌握了金融市场的领导权,私营金融业全行业纳入国家计划管理体制。金融业

---

① 《私营金融业社会主义改造基本完成、中国人民银行总行向毛主席、党中央的报告》,《1949—1952金融卷》,第981~984页。
② 吴承明、董志凯主编《中华人民共和国经济史(第1卷)》(1949—1952),中国财政经济出版社,2001,第815页。

公私合营的率先完成，使国家控制了全国的信贷资金，切断了资本主义工商业与金融业的联系，为日后社会主义改造的顺利完成奠定了重要的基础。

第三节　中苏共和国成立之初银行体制的比较研究

中苏共和国之后银行体制都发生了较为剧烈的变化。苏俄建国之后，在较短时间内推行了银行国有化，但随着苏俄进入消灭商品经济，高度集中的"战时共产主义"时期，银行一度被取消。在结束国内战争之后，为尽快恢复经济又选择了允许商品经济发展的"新经济政策"，这一时期银行也得到了恢复，在政府主导下，多种所有制的银行兴起。中国则在新中国成立之后则选择了"新民主主义经济"，在一定范围内允许商品经济的发展，在政府主导下也保留了多种所有制并存的银行体制。但是苏俄的"新经济政策"和中国的"新民主主义"都是为尽快恢复国民经济采用的特殊政策，两国这一时期建立的由新政府主导的金融体系，为"大一统"的银行体制奠定了基础。

（1）中苏两国成立共和国之初都面临着经济发展水平较低，商品经济不发达的现状。之前银行体系虽有一定发展，但是总体发展水平较低，民营银行业有发展但是未成气候，金融市场也不发达，存在"市场失灵"。而且中苏共和国建立前夕都存在恶性通货膨胀，中苏银行参与投机，银行体系混乱。中苏两国新政府在掌握政权后，接管了旧政权的国家金融体系，并在短时期内控制住了金融体系。

（2）中苏银行体制出现了强制性制度变迁的特征。中苏成立共和国之初，政府面临的任务不是单纯的发展经济，而是要巩固政权的稳定与国家安全。在获得政权之后通过革命手段，控制住原政权政府所属的金融机构。之后，两国政府都开始了整顿经济秩序，运用政府之手强制性的实施制度变迁，在较短时间内实现了银行的国有化，为日后建立"大一统"的银行体制奠定了重要基础。

（3）中国和苏联在共和国成立之初银行体制变迁的路径有所差异。苏俄在成立共和国之初就实现了银行国有化，之后，由于内战爆发，苏俄政府选择实行"战时共产主义"政策，建立高度集中的经济体制，取消了商品、货币关系，最终取消了银行。"战时共产主义"政策虽然通过行政力量消灭了市场，最大限度地调动经济资源，但最终带来了经济运行紧张的局面，苏联不得不进入"新经济政策"阶段。"新经济政策"时期在一定程度上允许商品经济发展，允许多种所有制并存。在商品经济已发展的条件下，苏联经济产生了对银行的诱致性需求。由于之前已取消银行，苏联政府不得不突破了原有国家银行单一的模式，陆续恢复、建立新的银行机构，以满足商品经济发展的需要。这一时期，苏联建立了工商银行、农业信用体系、公用事业银行体系以推动苏联经济的恢复。在苏联的新经济政策下，各加盟共和国也兴办银行。例如公用事业银行体系中，虽然中央政府成立了中央公用事业银行，但是各地也存在一批公用事业银行。中央公用事业银行与地方公用事业银行并不是直接隶属关系，这些银行的存在促进了苏联金融体系的繁荣。

新中国在成立之初就选择了新民主主义经济体制,强调国营经济领导的同时允许多种经济成分并存。在新中国成立初期银行业允许私人银行存在,但是强调私人银行应在国家领导下运行。中华人民共和国成立之初,本身就存在官商合办银行,以及有公股的私人银行,这样的前提要求人民政府对待银行业采取分而治之的办法。对待官商合办银行,人民政府直接接管了其公股部分,并且通过派遣股东,改组管理层掌握其经营权利。而对于中小私人银行采取了"私私联营",集中经营,走向公私合营"三步走"的方针。① 最终在1952年实现了全行业的公私合营。与苏联不同,对待私人资本家,我国在公私合营时期不是直接没收,而是采取了赎买政策。

(4)"新经济政策"与"新民主主义经济"都是属于过渡阶段,其银行体制也带有过渡性质。"新经济政策"与"新民主主义经济"为恢复国民经济,在一定条件上允许多种所有制经济的存在,这样势必带来对银行体制的多元化的需求。苏联在"新经济政策"下存在中央到地方多个相对独立的银行,银行之间存在竞争。虽然中国在1949~1952年大的方向是完成公私合营,但在过程中出现了公私合营十二行联合总管理处、公私合营北五行联合总管理处、公私合营上海商业储蓄银行总管理等五个联营系统。1952年五个联营系统才合并建立了统一的公私合营银行,完成了全行业的公私合营。"新经济政策"与

---

① 赵学军:《再论中国私营银行业的社会主义改造》,《中国经济史研究》2011年第4期。

"新民主主义经济"的经济政策,与大规模社会主义工业化的战略目标不符,最终被苏联和中国政府放弃,银行体制也随之面临急剧变化。

(5)与苏联国家银行体系的建立是"十月革命"之后依靠直接没收不同,中华人民共和国成立之前中国还有一批建立在革命根据地的银行。这和中国革命走的"农村包围城市,武装夺取政权"的革命道路密切相关。革命根据地银行在长期的战斗中,发挥了巩固根据地建设的作用。虽然这些银行主要建在农村,但是其培养了一大批干部,例如中国人民银行第一任行长南汉宸就担任过华北银行总经理。第二任行长曹菊如1932年曾协助毛泽民组建国家银行,1935年担任过国家银行苏维埃分行副行长。这些干部在日后接管国民政府银行中发挥了重要作用,在革命根据地银行基础之上建立起来的中国人民银行迅速建立新中国金融体系方面起到了重要作用。

第三章

中苏"大一统"的银行体制建立与调整

第一节 苏联高度集中银行体制的建立与调整

一 高度集中经济体制的建立和信贷改革

1925年,虽然苏联经济大体恢复到战前水平,但是仍然低于欧美资本主义国家。人均工业化水平指数,以英国1900年为100,1913年为115,美国为126,俄国只有20。[1] 如何实现苏联的赶超发展,成为苏共面临的重要问题。列宁1924年去世之后,针对未来苏联的发展道路,苏共党内产生了较为激烈的争论。以布哈林为代表的部分领导人维护和坚持"新经济政策",主张各种经济成分相互促进,相互繁荣。但以斯大林为代表的一批领导则主张尽快结束"新经济政策",推行集中统一的指令性计划经济,以优先发展重工业,推进经济赶超欧美。斯大林认为,"在资本主义国家,工业化通常都是从轻工业开始。由于轻工业同重

---

[1] 〔英〕保罗·肯尼迪:《大国的兴衰》,梁于华等译,世界知识出版社,1990,第233页。

工业比较起来，需要的投资少，资本周转快，获得利润也较容易，所以在那里，轻工业成了工业化的头一个对象，只有经过一个长时期，轻工业积累了利润并把这些利润集中于银行，这才轮到重工业，积累才开始逐渐转到重工业中去，造成重工业发展的条件。但这是一个需要数十年之久的长期过程，在这一时期内只得等待轻工业发展并在没有重工业的情形下勉强凑合着。共产党当然不能走这条道路。党知道战争日益逼近，没有重工业就无法保卫国家，所以必须赶快着手发展重工业，如果这件事做迟了，那就要失败"。[1] 斯大林还强调："新经济政策不只是预计到退却和容许私营商业活跃，即在保证国家起调节作用的条件下容许资本主义活跃（新经济政策的最初阶段）。实际上，新经济政策同时也预计到在一定的发展阶段上社会主义向资本主义分子进攻，缩小私营商业的活动范围，相对地和绝对地缩减资本主义成分，公营部分日益超过非公营部分，社会主义战胜资本主义（新经济政策的现今阶段）。"[2] 最终斯大林在争论中占了上风。1926年联共（布）第十五次代表会议通过决议，提出要改变经济管理体制，十月革命后九年中建立的生产组织体制、商业生产体制、信贷机构体制，已经不能适应"正在改变的环境和新的任务"，决议认为苏联"国民经济已进入新的发展时期"，必须"重新审查经济管理机构的整个体制"。[3] 从1927年开始，经济管理体制开

---

[1]《斯大林选集》（下卷），人民出版社，1979，第496页。
[2]《斯大林全集》（第12卷），人民出版社，1966，第268页。
[3] 中国银行国际金融研究所课题组编著《苏联金融七十年》，中国书籍出版社，1997，第143页。

始变革。苏联工业化的重要特点就是追求经济高速度，苏联计划委员会本来初步设计1928年、1929年、1930年、1931年、1932年的经济增长率分别为21.4%、18.8%、17.5%、18.1%、17.4%；最佳方案则规定分别为21.4%、21.5%、22.1%、23.8%和25.2%，最终决议通过了后一种方案。[①] 政府要求更集中的调动资源，推动经济赶超。从1929年开始，苏联进入了社会主义工业化建设阶段，在追求经济高速增长的同时，苏联经济体制也进行了急剧的变革。1929年农业开始推进全盘集体化，1929年联共（布）中央发布《关于改组工业管理》的决议，苏联建立了高度集中的国家指令性计划。

随着计划替代市场成为资源配置的主要甚至唯一手段，银行体制也发生了急剧变革。在"新经济政策"阶段，由于存在多种经济成分，苏俄政府比较注重利用市场的作用，重建后银行体系得到较快的发展，银行成为苏联经济恢复的重要杠杆，促进了苏联经济的恢复发展。在"新经济政策"时期，不仅经济体制内存在多种所有制经济，银行体系内部也是多种经济成分并存，即使是公有制银行之间也存在许多地方银行之间的相互竞争。企业可以从多个银行获得资金，虽然这本身在商品经济中是很正常的事情，但是当时苏联资金短缺，又急于推进赶超欧美实现工业化，苏联政府认为这种现象将带来资金的分散，是"平行主义"。根据当时的调查，莫斯科632个经济机关中有217个经济机关在1926年同时获得了几家银行的贷款。国营汽车运输工商股份公司

---

① 陆南泉：《斯大林工业化道路再认识》，《科学社会主义》2005年第3期。

曾利用过八个银行的贷款，合作社组织农业合作社曾利用过七个银行的贷款；一个工艺合作联合社——金属辛迪加——利用过六个银行贷款。[①] 由于当时银行本身比较注重经济效益，在进行企业信贷的时候更侧重于给经济效益较好的企业和机构贷款，导致一些企业贷款过多，另一些企业贷款过少。从单纯的经济角度来看，这有利于提高资金的利用效率。但苏联选择优先发展重工业，重工业投资周期长，资金回收慢，从市场途径获得银行贷款比较难，所以相对独立的银行体系不利于苏联优先发展重工业战略的推进。当时银行之间存在的竞争还导致银行都在争取存款和资金，打破了原有专业银行划定的界限。例如，工业银行在 1926~1927 年不仅努力对工业开展贷款业务，还把对商业的贷款业务集中在自己身上。1926 年 2 月 2 日工业银行理事会会议上讨论管理年度报告时指出："工业银行不仅应成为工业贷款中心，而且应成为商业贷款中心。这个任务未能完成，是由于吸收存款不力而呈现资金不足。必须用我们所有一切手段为吸收财源而进行斗争。"[②] 银行本身的逐利性使它们强调经济效益，许多银行选择在大城市建立分行以谋取经济效益的最大化。1927 年初，莫斯科有 72 个银行分行，列宁格勒有 37 个，哈尔科夫有 18 个，而在广大农村，由于经济效益较低，则连农村信用机关都没有。[③] "新经济政策"下，多种所有制企业并存，企业之间存在广泛的商业信贷。在商业信用条件下，一些经济

[①]〔苏〕阿特拉斯：《苏联信用改革》，李绍鹏译，三联书店，1955，第 78 页。
[②]〔苏〕阿特拉斯：《苏联信用改革》，李绍鹏译，三联书店，1955，第 80 页。
[③]〔苏〕阿特拉斯：《苏联信用改革》，李绍鹏译，三联书店，1955，第 78 页。

部门不仅可以通过银行贷款,还可以借助相互的商品信用来弥补其开支。而使用票据信用,国家就不能对企业的实际经营情况、执行经济计划情况及其财务情况进行直接监督。① 以上这些都与苏联调集一切资源推动工业化赶超战略不符。苏联在 1930 年推进了信用改革。

1930 年苏联中央执行委员会和苏联人员委员会出台了《关于信贷改革的决议》,从 1930 年 1 月开始进行信贷改革,取消了商业信贷,与此同时银行机构也进行了改革,这成为信用改革的重点。① 信用改革后,信贷改革取消了用信用方式出售商品和赊欠劳务的制度。间接的商业信用改成银行直接的短期贷款。短期贷款集中由国家银行办理。② 全国短期贷款集中于国家银行。苏联国家银行成为唯一的能提供短期贷款的银行,原来的部门银行则成为对基建提供长期信贷和拨款的银行。② 工业长期信贷银行就是将资金(包括预算拨款,工业企业的积累、折旧提成等)投放于国家工业、运输业、电器业基本建设的长期信贷银行。③ 根据 1930 年 1 月 30 日人民委员会决议,撤销全俄合作银行和乌克兰的分支机构。④ 信用改革时,中央公用事业银行实际上已经成为长期信贷银行。而地方公用事业银行则是另外一种情况。1929 年 4 月,各地方公用事业银行长期贷款比短期信贷多约一倍,1930 年 1 月 30 日的信用改革决议并未改变地方公用银行的组织机构,但由于取消了它的短期信

---

① 苏联科学院经济研究所编《苏联社会主义经济史》第三卷,三联书店,第 76 页。
② 苏联科学院经济研究所编《苏联社会主义经济史》第三卷,三联书店,1982,第 76、77 页。

贷业务，业务量大为减少，因此其分支机构取消了一半。⑤对农业信用体系进行了改组。1930年1月30日，关于信用改革的决议将中央农业银行改组为全苏农业合作社——集体农庄银行，并移交全苏农业合作社理事会管理。同时，取消了共和国、边区、省的农业银行，改为全苏农业合作社——集体农庄银行的分支机构。农业信贷体系各银行机构的全部资产负债均移交该银行，从而形成了集中的农业信用体系。改组以前，农业信用体系包括共和国银行6个，农业信用协会45个，农业信用协会的分支机构105个，信用联合社35个，农业信用社9648个。改组后，农业信用体系共包括全苏农业合作社——集体农庄银行的48个分支和2932个信用社。1931年1月1日起集体农庄银行与其他分行也不再存在，该行及各农业信用社的资产负债均划归苏联国家银行，国家银行内设立长期农业生产贷款特别基金。① 国家银行成为长期和短期农业信贷的唯一中心。

经过改革国家银行成为计划经济管理的一部分，最高国民经济委员会和国家银行协调对工业联合公司和托拉斯的贷款计划，而国家银行则在协调计划的范围内制定其业务贷款计划。这就使得专用贷款同生产计划和产品销售计划发生直接关系。② 国家银行的数量增加较大，成为苏联主导的银行，苏联银行机构的变化概况见表3-1。

---

① 中国银行国际金融研究所课题组编著《苏联金融七十年》，中国书籍出版社，1997，第143、144、145页。
② 苏联科学院经济研究所编《苏联社会主义经济史》第三卷，三联书店，1982，第76、77页。

表 3-1 苏联银行机构的变化概况

单位：个

银行名称	1928 年 10 月 1 日信用机关网	1933 年 1 月 1 日信用机关网
1. 苏联国家银行	582	2199
2. 股份银行	23	3①
3. 合作社银行	87	—
4. 公用事业银行（中央公用事业银行和地方公用事业银行）	125	134
5. 产业信用系统	196②	488③
6. 工业银行（工业基本建设拨款银行）	—	96
7. 商业银行（全俄合作银行）	—	25
8. 相互信用社	237	—
共计	1250	2945

注：①包括伯力远东银行及其在海参崴（今符拉迪沃斯托克）外的分行和对外贸易银行。
②信用社不在内。
③产业银行（产业拨款和长期贷款银行）。
资料来源：〔苏〕阿特拉斯：《苏联信用改革》，李绍鹏译，三联书店，1955，第 209 页。

国家银行还成为国家监督企业运行的重要手段和工具。银行更多是按照计划分配贷款资金，业务统一、计划统一、利率统一、信用形式统一。管理形式集中，任何企业或者单位只能在一家银行开立账户，通过开户银行办理存款和结算。①

二 高度集中的银行体制结构

在建立庞大国家银行的基础上，1932 年 5 月 5 日，苏联中央执行委员会与人民委员会《关于组织长期投资专业银行的决议》

---

① 高晓慧、陈柳钦：《俄罗斯金融制度研究》，社会科学文献出版社，2005，第 130 页。

规定，在现有部门银行的基础上成立了四家长期投资银行。（1）工业及电气事业基本建设拨款银行（工业银行）。（2）社会主义农业拨款银行（农业银行）。（3）合作社基本建设拨款银行（全俄合作银行），1936年改组为全苏贸易及合作社基本建设拨款银行（贸易银行）。（4）公用事业及住宅建设拨款银行（中央公用事业银行）。四家长期投资银行是苏联财政人民委员会的组成部分。长期投资银行并不是部门银行的恢复，因为原来的部门银行主要发放短期贷款，并办理存款及结算业务，而长期投资银行的任务只是对基建投资进行拨款和贷款。[1] 1936年又进行了银行的合并及调整，形成了斯大林时期的银行信贷体系，该体系由国家银行、专业银行、国家劳动储金局与外贸银行组成。[2]

（一）国家银行

苏联的国家银行是中央银行，但它的活动范围远大于传统意义的中央银行，它兼有中央银行和商业银行的双重职能，包揽了几乎所有银行业务。苏联国家银行成为发行货币的银行、短期信贷的银行和全国结算中心。它执行以下职能。

第一，调节货币流通，调节全国现金周转，根据计划按照苏联政府规定的程序，收回货币或发行货币。

第二，掌管为国民经济服务的出纳业务，就是说，把社会主义企业、国家机关和社会组织的现金集中于自己的出纳处，并付给它们以日常支付用的现金；通过出纳执行预算，即受理缴入国

---

[1] 中国银行国际金融研究所课题组编著《苏联金融七十年》，中国书籍出版社，1997，第145页。
[2] 陆南泉：《苏联经济体制改革史论》，人民出版社，2007，第38页。

家预算的款项，严格按照规定的用途和在批准的拨款范围内支出预算资金，进行预算收支的计算。

第三，动员闲置的货币资金，对国民经济一切部门中实行经济核算的企业和经济组织（建筑组织除外）发放短期贷款；拨发国营农业企业和组织的基本建设投资资金，对集体农庄发放长期贷款并吸收作为集体农庄公积金的货币资金；办理工艺合作社和消费合作社的拨款和长期信贷。

第四，充当结算中心，即在国内组织和办理各企业、机关和组织间的货币结算。保管全国外汇基金，办理苏联对外贸易及其他对外经济业务的国际结算，这种结算有一部分由苏联对外贸易银行办理。

苏联国家银行在各共和国、边区和州中心城市，几乎在全国所有的区中心，都设有国家银行的机构。国家银行是对企业和组织在执行积累计划方面的财经活动进行卢布监督的极其重要的国家机关，它是通过各户头的结算和信用业务来发挥作用。全国企业和经济组织的绝大部分支付活动是通过国家银行的非现金结算进行的。[①]

苏联国家银行在苏联的信用系统中是基本的信用机关，全国唯一的发行货币和存款的银行。庞大的国家经济收入，大规模的国营企业及合作社企业与机关的资金收入都存入国家银行，并且通过它办理一切款项收付，在禁止商业信用及票据流通的条件下，必须向

[①] 苏联科学院经济研究所编《政治经济学教科书》（下册），人民出版社，1960，第307、308页。

它借款,这一切构成了苏联的银行制度及其主要机关。①

国家银行还成为社会主义国民经济的结算中心,计算全国的生产与分配;实行对商品生产与流通计划、财务计划及积累计划的执行进度的日常监督;建立经济核算制度。②

国家银行在苏联国民经济中扮演着重要的角色。1938年苏联国民经济短期贷款总额比1933年增加了289.4%(见表3-2)。而且贷款更集中于工业的发展。1933年1月1日国民经济贷款总额的41%用于工业,1938年已经上升为53.8%(见表3-3)。

表3-2 国家银行的短期贷款

单位:百万卢布

年份	国家银行
1933年1月1日	10452
1938年1月1日	40698

资料来源:笔者根据〔苏〕阿特拉斯:《苏联信用改革》,李绍鹏译,三联书店,1955,第223页相关资料计算。

表3-3 来自国家银行资金的工业贷款

	1933年1月1日		1938年1月1日	
	总额(10亿卢布)	在国民经济贷款总额中的占比(%)	总额(10亿卢布)	在国民经济贷款总额中的占比(%)
整个工业	4.3	41	21.9	53.8
重工业,包括森林工业	1.4	13.3	6	14.7

---

① 〔苏〕乌索斯金:《苏联国民经济中的短期信用》,韩奎章译,新华书店,1950,第48页。
② 〔苏〕乌索斯金:《苏联国民经济中的短期信用》,韩奎章译,新华书店,1950,第48页。

续表

	1933年1月1日		1938年1月1日	
	总额 （10亿卢布）	在国民经济贷款总额中的占比（%）	总额 （10亿卢布）	在国民经济贷款总额中的占比（%）
轻工业、食品工业和地方工业	2.9	27.6	15.9	39.1
国民经济各部门贷款	10.5	100	40.7	100

资料来源：笔者根据〔苏〕阿特拉斯：《苏联信用改革》，李绍鹏译，三联书店，1955，第224页相关资料计算。

（二）专业银行

苏联银行体系中还有工业银行、农业银行、商业银行、中央公用事业银行等专业银行，这些银行主要业务是处理苏联经济建设中的长期贷款。

1. 工业银行

在苏联大规模推进工业化的背景下，工业银行扮演着重要的地位。工业银行按照集中计划与集中领导和在执行批准的计划上按地方分散经营的原则而建立。根据这一原则长期投资银行都在莫斯科设立中央理事会，在共和国、边区和省设立分行，并在较小的工程地点，设立支行和代理处。

根据苏联中央银行执行委员会和人民委员会1932年5月5日的决议规定，工业银行以及其他各专业银行所经办的各种业务可以分为以下八项。

①蓄积（吸收集中）用于基本建设拨款和贷款的资金；

②办理基本建设的无偿还拨款；

③办理基本建设的长期贷款；

④办理客户的结算业务；

⑤办理有关基本建设的短期贷款；

⑥办理专业银行本系统内各分支机构间的银行往来；

⑦办理专业银行与国家银行以及各专业银行相互之间的同业往来；

⑧办理专业银行本身类似经济核算制企业的各种业务。①

工业银行被赋予监督企业基本建设的职能，工业银行分支机构有权向企业和相关经济机关索取折旧与利润明细表。② 不仅企业，邮电部、铁道部等机关的基建拨款也归工业银行管辖。

工业银行对企业贷款有较为严格的限制，例如，苏联规定，工业银行对区（市）工业企业发放贷款的期限为三年，该项贷款应用于扩充现有的企业，组建新的日用品与食品的企业；建设制造建筑材料及采掘燃料的企业；建设附属企业和采购当地原料及制造半成品的生产事业；组织家禽及猪的繁殖和育肥事业；组织水产繁殖及加工企业以及建立制造日用品与食品等包装物器材事业。还规定工业银行在下列情况下才发放贷款：①新建或扩建企业制造产品用的原料必须是废料、当地原料或计划上不缺乏的原料；②扩建和新建企业的费用，不应列入基本建设工程计划内；③必须保证能以新建或扩建企业的积累或发展区工业基金来偿还贷款。还规定了一家企

---

① 〔苏〕维诺格拉多夫：《苏联基本建设的拨款与监督》（第二辑），中国人民建设银行总行编译财政经济出版社，1955，第115页。

② 〔苏〕维诺格拉多夫：《苏联基本建设的拨款与监督》（第三辑），中国人民建设银行总行编译财政经济出版社，1956，第188页。

业5万卢布以下贷款,根据企业的申请由当地工业银行分支或代理行发放。一家企业贷款额在20万卢布以下者,须经州(边区)执行委员会和苏维埃社会主义自治共和国部长会议申请由工业银行管辖发放。至于一家企业的贷款额在50万卢布以下者,则须经加盟共和国部长会议的申请由工业银行理事会发放。①

2. 其他专业银行

除了工业银行之外,苏联还有一批专业银行。苏联商业银行,全称"苏联商业和合作社基本建设投资银行"。1936年创办,受苏联财政部领导。办理商业企业和合作社企业基本建设的拨款、贷款和监督工作。② 苏联中央公用事业银行,主要办理公用事业、文化生活、福利敬老院和住宅事业的基本建设拨款、贷款和监督工作。农业银行受苏联财政部领导,办理农业和林业基本建设拨款、贷款和监督工作及集体农庄和农村居民的长期贷款。

工业银行、农业银行、中央公用事业银行、商业银行四家专业银行属于苏联财政人民委员会的组成部分,不再发放短期贷款与办理存款及结算业务,而集中于对基建投资进行拨款和贷款。1934年3月苏共中央执行委员会提出《关于工业、运输业和邮电业国营企业基本建设拨款无偿性的决议》,用于上述部门的基本建设拨款的一切预算内和预算外资金均无须偿还,企业欠银行的债务(指用长期贷款进行的投资)也宣告取消。这样,除农业银行继续对集体农庄发放长期贷款外,各专业银行成了对各部门基

---

① 〔苏〕乌索斯金:《苏联国民经济中的短期信用》,韩奎章译,新华书店,1950,第42页。
② 中华书局辞海编辑所:《辞海试行本第3分册经济》,中华书局,1961,第246页。

本建设无偿拨款的机构，或者说成了财政部门的出纳机构。[①]

（三）国家劳动储金局

1929年苏联颁布了苏联国家劳动储金局的条例，规定储金局是统一的、全苏性的、按严格的集中制管理的国家信用机构。国家劳动储金局（后简称储金局）的最重要任务是吸收居民存款，使人民可以很方便、有利地和安全地保存自己货币储蓄和闲散资金，协助人民增进储蓄，组织吸收银行存款的工作。[②] 储金局第一项业务是有关公债推销和为公债持有人服务。第二项业务是吸收存款和为存款人服务。第三项是信托业务，主要包括支付个人津贴及学校津贴。在第二次世界大战前夕，储金局已经达到42831个，其中城市10662个，农村32169个。从1939年起，储金局开始办理定期存款业务，并对这类存款业务偿付较高的利息，按照5%来计算。[③] 1945年储金局存款总额的周转次数为1.1。由此可见，在这一年平均每一个卢布不流动地存放了将近一年。[④] 储金局起到了通过吸收居民存款为苏联工业化吸取资金的重要作用。

外贸银行是苏联银行体系的重要组成部分。外贸银行主要办理与外国相关的金融结算，也是苏联政府进行经济管理的一部分。"大一统"的苏联经济银行体制与高度集中的计划经济管理体制一致，有助于推进苏联的工业化发展。

---

① 陆南泉：《苏联经济体制改革史论》，人民出版社，2007，第38页。
② 〔苏〕华莱尔：《苏联储金局》，中国人民大学出版社，1954，第3页。
③ 〔苏〕华莱尔：《苏联储金局》，中国人民大学出版社，1954，第35、36页。
④ 〔苏〕华莱尔：《苏联储金局》，中国人民大学出版社，1954，第7、8页。

三　二战后银行体制的调整

二战后苏联银行体制进一步集中。1957年苏联撤销了苏联商业银行，其业务并入"苏联农业银行"和"苏联中央公用事业银行"。苏联工业银行1959年7月改组为"苏联基本建设投资银行"。1959年7月农业银行撤销、苏联中央公用事业银行和地方公用事业银行一并撤销，其业务分别并入"苏联国家银行"和"苏联基本建设银行"。1963年将国家劳动储金局转归国家银行领导。

经过调整后的银行体系包括苏联国家银行、苏联建设银行、国家劳动储金局和苏联对外贸易银行。

1. 苏联国家银行

几乎整个国民经济的流动资金形成费用贷款、采用新技术和改善生产的费用贷款、民用消费品生产扩大费用贷款、对农业基建投资的拨款和长期贷款都由国家银行办理。苏联国家银行系世界最大的银行之一，到20世纪70年代末，苏联国家银行的资产规模已超过世界最大的七家商业银行，即美洲银行、花旗银行、曼哈顿银行（美国）、德意志银行（联邦德国）、里昂信贷银行（法国）、第一劝业银行（日本）、巴克莱银行（英国）。国家银行在各加盟共和国首都、边疆区和州行政中心城市以及大多数的地方中心城镇设立了分支机构。苏联国家银行作为整个金融体制的核心，集发行银行、商业银行、信托银行、投资银行、土地银行、储蓄银行等银行功能为一身，履行控制货币流通、维护货币稳定、垄断国家外汇的管理权和经营权、完成国内企业间结算和组织国际结算、提供各种长短期贷款等多种职能。由于在信贷领域的垄断地位和对政府的绝对从属关系，国家银行成为国家对银行业进行管理和监督的机构。国家银行还有权根据国家的经济与社会发展计划来制订相应的信贷计划和现金使用计划，对信贷和现金使用做出全面安排。1981年，苏联国家银行仅金融专家就有15.8万人，尚不包括服务人员和出纳人员。①

2. 苏联建设银行

苏联建设银行负责办理对国民经济各部门（除农业外）的基建投资拨款和贷款、承包建筑单位的贷款和结算业务。1959年4月7日苏联最高苏维埃主席团发布了关于《改组长期投资银行体制》的命令，农业银行和公用事业拨款银行被撤销，这些银行的投资拨款和贷款的职能（农业建设除外）交给工业银行，改名为全苏基本建设拨款银行（简称苏联建设银行）。

苏联建设银行除了具有原来工业银行承担工业和交通基本建设拨款的职能外，还有以下几项职能：对各共和国农产品生产和采购部的基本建设投资进行拨款；对城市住宅、工人住宅，建筑合作社以及工业住宅建设进行贷款；委托建设银行对居民生活服务、地方工业企业和组织进行长期贷款；对承包的建筑安装企业进行短期贷款；聚焦用于基本建设投资方面的资金；在发包人和承包人之间进行结算。② 1961年10月7日苏共中央和苏联部长会议在《关于更加有效使用投资和加强对在建企业投产的监督》的决议中指出：苏联

---

① 朱显平：《俄罗斯银行体制和信贷企业研究》，吉林人民出版社，2005，第21、22页。
② 基建系财务信用教研室编《国外长期投资概论》，辽宁财经学院出版社，1984，第139页。

建设银行及其机构工作的主要内容是，监督正确使用投资；监督完成基本建设计划和降低建筑安装成本任务；监督动员内部资源和企业、经济单位用于基本建设投资拨款的自有资金；监督遵守预算造价、计划和财政纪律以及加强建筑业的经济核算。[1]

苏联建设银行是高度统一的机构体制。它的各项活动实行统一领导，统一管理。总行内部机构的设置，既按联盟和各加盟主管部、总局等部门行业划分，又按业务技术范围划分（如计划局、业务局、技术局、秘书处、会计局等）。苏联建设银行是苏联最大的信贷机关，又是国民经济的主要经济部门，基本建设拨款和贷款集中的系统。该行约有1100个办事处和分行，在国家银行机关设有800多个代表处。1981年苏联建设银行向建筑、建设、设计及其他单位提供贷款额为1899亿卢布，比1970年贷款总额增长3倍，1981年建设银行各机构发放投资拨款大约910亿卢布，银行吸收各企业和单位自有资金为433亿卢布。为了对未完成建筑安装工程费用进行贷款和对建筑商品产值进行核算，银行机构挖掘了发包人的资金407亿卢布。随着苏联基本建设投资额的逐步增大，苏联银行机关网也在增多，如，1960~1975年，苏联建设银行机关数量增加一倍多，由746个单位增到1500多个单位。各地支行、办事处经办的拨款额一般占基本建设拨款总额的50%以上。[2]

---

[1] 基建系财务信用教研室编《国外长期投资概论》，辽宁财经学院出版社，1984，第139页。
[2] 基建系财务信用教研室编《国外长期投资概论》，辽宁财经学院出版社，1984，第148、149页。

3. 国家劳动储金局

1948年11月29日苏联部长会议第4339号《苏联国家劳动储金章程》第一条规定:"苏联国家劳动储金局,以保管好居民的闲散资金和进行金钱清账,为发展苏联国民经济储蓄和有效利用这些资金为目的。"苏联国家储金局是以参加储蓄的居民为服务对象的单一机关。关于这一点,章程第二条规定:"苏联国家劳动储金局,作为法人,是根据独立核算原则而活动的单一的全苏信用机关。"早在第二次世界大战以前,其就作为办理大量存款的机关而存在,调整联合成单一机关已经很久。

章程第二条规定,苏联国家劳动储金局归苏联国家银行管辖(以前归财政部),即国家劳动储金局的业务由苏联国家银行管理。管理的事项为:对储金局的业务发布指令、批准储金局实施交易的规定、接收存款手续的规定、储金局办理的各种交易目录、对这些交易征收手续费的交易目录、其他手续费的数量和储金局的年度报告等。

办理居民存款的基层机构是国家劳动储金局一级和二级营业所。因为苏联国土面积广阔,储金局还设立了大量的储金局银业办事处,作为基层的营业窗口,办理和居民的交易。这三种形式的基层储金局,变于中央国家劳动储金局的领导。另外,在苏联的各州、市,还有在加盟共和国,还设立管理局和国家信用管理局,对上述办理实际业务的各储金局实施指导。[①]

---

① 〔日〕田中寿雄:《苏联东欧的金融和银行》,高连福译,中国财政经济出版社,1981,第29、30页。

储金局办理的存款，大概有 70% 是活期存款（普通存款），年利率在 2%，储蓄者可以自由提取。储金局办理的储蓄存款基本上是定期存款，期限在 6 个月以上，年利率为 3%。在期限之前提取，仍按 2% 的年利率。此外还办理到某一年限，或以大学毕业期限为期的存款。这种存款的获益除了包括利息收入之外，还可以参加抽签存款。抽签存款除了 2% 的年利之外，每年 4 月和 10 月抽签两次。其做法是对中选者每 1000 卢布的存款加付 25 卢布奖励。这种存款单从平均额来看是年利率 2% 之上加 2.5%，可能达到 4.5% 的年利率。抽签存款中选的最高额，可按半年人均存入额的 200%。抽签存款半年发行一次，最高额入选有一人，其次有 2 人，可按半年人均存入额的 100% 存款，3 人可按 50% 存款，25 人可按 25% 不等。①

工人、农业工作者可要求雇主把工资的全部和部分存入储金局，把房租、燃料费、电话费等公共服务费用，定期从存款账户中扣除。居民使用储蓄作为投资，购买苏联政府发行的公债可得到 3% 的年利。这种公债在储金局办理，储金局不限制张数，也不限制买卖。每年偿还八次。储金局还设立政府机关的账户，出售印花和邮票，支付上述公债的奖金。此外也支付抽签奖品（不是奖金）。②

国家劳动储金局接受和保管居民的劳动储蓄（各种存款），并

---

① 〔日〕田中寿雄:《苏联东欧的金融和银行》，高连福译，中国财政经济出版社，1981，第 30 页。
② 〔日〕田中寿雄:《苏联东欧的金融和银行》，高连福译，中国财政经济出版社，1981，第 30 页。

且为居民进行有关国家公债事项的服务工作及划拨结算方面的服务工作（利用转账办法替寄存款户缴纳房租和公用事业劳务费等）。居民的这些货币储蓄存款，被用来进行公用事业建设和增进人民福利。对存户一取即付的存款，储金局付给利息（或奖金）。

在苏联，储金局的数量在 1940 年为 41598 个（见表 3-4），而到 1959 年末则为 62814 个。1960 年 1 月 1 日，居民的存款总额共为 1006 亿卢布，比 1940 年增加了 13.4 倍，而存款增加了 3.2 倍。另外，农村居民的存款总额在这一时期内比 1940 年增加了 14.2 倍，平均存款则增加了 5.2 倍。①

表 3-4　苏联国家劳动储金局的营业状况②

	存款额 （百万卢布）	存款人数 （千人）	存款者的平均 存款额（卢布）	储金局数 （个）
1940 年末	725.3	17346	42	41598
1950 年末	1853.0	14344	129	40275
1960 年末	10909.0	51172	213	66522
1965 年末	18726.6	57388	326	73556
1970 年末	46599.9	80121	582	78349

注：1970 年末，存款额应为 465.599 亿卢布，其中市镇存款约 340 亿卢布，农村存款额约 125 亿卢布。

4. 苏联对外贸易银行

苏联外贸银行长期以来只负责对非贸易支付结算的业务，一

---

① 〔苏〕阿特拉斯主编《社会主义政治经济学》，薛梓祖译，生活·读书·新知三联书店，1962，第 563 页。
② 〔日〕田中寿雄：《苏联东欧的金融和银行》，高连福译，中国财政经济出版社，1981，第 82 页。

切有关外贸周转业务下的国际结算和信贷业务等均由苏联国家银行国外业务局办理。从 1961 年 1 月 1 日起，苏联国家银行将外汇结算与借贷业务全部移交苏联外贸银行。1962 年 8 月政府批准了苏联外贸银行章程，1982 年批准了新章程，扩大苏联外贸银行的职权。对外贸易银行在国内有 11 个分支机构。外贸银行有权在国外设立分支机构和代办机构。①

每个银行和储金局的最高领导机关是由理事会主席领导的理事会。

四　苏联银行体制改革的尝试

20 世纪 60 年代以后，苏联尝试扩大银行职能，提高经济效率。

第一，改变固定资产来源。苏联从 1965 年开始经济改革，决心用银行贷款代替财政拨款，扭转固定资产投资中的困难局面。最先采用的措施是，凡工业中用于更新改造的投资，国家财政停止拨款，一律由企业自有资金和银行贷款解决，同时新建企业，只要投资回收期在 5 年以内者，也均由财政拨款改为银行贷款。从 1965 年到 1978 年，固定资产投资中的国家财政拨款占比由 60% 下降到 40%，企业自有资金由 40% 上升到 52%，银行贷款占比由 0 上升到 8% 左右。银行贷款占比从无到有，但作用仍然有限。1979 年苏联政府通过决议，明确规定要在固定资产投资中用银行贷款取代大部分财政拨款，然后逐渐使银行贷款完全取代财

---

① 中国银行国际金融研究所课题组编著《苏联金融七十年》，中国书籍出版社，1997，第 146~147 页。

政拨款。进入 80 年代，情况有所进展，1982 年银行贷款在下列部门固定资产投资中所占比重是：建筑机械部 20%、农机部 21.8%、石油化工部 31.3%、畜牧机械部 37.5%。[1]

虽然苏联强调银行在企业固定资产投资来源的改革，在一定程度上扩大了银行的职能，希望能够通过银行的信贷管理提高资金利用率。但是这种努力效果并不明显。其原因在于，一方面银行贷款在企业总资产中所占的比重比较低，对一些企业影响并不大；另一方面苏联许多大项目投资周期均在 5 年以上，而苏联强调改变固定资产投资来源对这类企业影响不大。最后虽然苏联也强调了银行的经济核算，但是当时企业与政府是"父子关系"，企业存在普遍的"预算软约束"，企业即使银行的贷款还不起，政府也会施加援手，甚至会要求银行一笔勾销。这些都进一步造成了企业的投资饥渴症，使得改变固定资产投资来源未能真正达到预期的效果。

第二，发挥利息作用。为推动工业化政策，最大限度集中资金，政府长期压低了资金的价格，采取了低利率的政策。苏联执行严格的指令计划，只要符合国家计划的规定，银行一律提供贷款，贷款条件没有差异，银行在里面未能起到作用。1954 年逐步实行差别贷款制，对经营好坏不同的企业，在提供信贷的宽严上有所区别，但由于银行不能提高或降低利息，银行贷款利息同企业没有太多的经济利害关系，差别贷款制的作用并不明显。1965 年经济改革以后，改进了差别贷款制，增加了银行利率的作用。

---

[1] 中国银行国际金融研究所课题组编著《苏联金融七十年》，中国书籍出版社，1997，第 157 页。

规定银行可根据企业实际情况,在原定利率上下一定幅度内调整利率。利率成为银行通过信贷加强对企业的监督的重要手段。

苏联国家银行对企业提供流动资金的短期贷款和正常季节性物资储备贷款,利率为 2%,超定额非季节性物资储备贷款利率为 6%,用于补足自有流动资金者,利率为 8%,违反经济核算制或信贷纪律以及逾期贷款的利率为 10%,办理日常支付所需要的贷款,30 天以内利率为 4%,30 天以上利率为 7%。基建贷款的利率较低,为 0.5%,逾期贷款利率为 1.5%,如提前 6 个月或 6 个月以上完成新建、改建或扩建项目者,利息减半,6 个月以内利息减 25%。对基建投资中用于购置设备的贷款有一系列奖惩规定。例如提前完成任务者,可减息 50%,违反安装计划期限者,提高利率 150%,从国外进口设备未能按期完成安装者,贷款利率为 10%,贷款逾期不还,逾期部分收取 5%~7% 的利息。经济改革前企业利息支出计入产品成本,改革后则将其改为从企业利润中支付,从利润中支付利息,有望推进企业改善经营管理。但是其对企业的影响根据不同的企业作用不一样,对于一些大型企业,利息占利润比例较小。例如卡马汽车厂和高尔基化工厂,支付银行贷款的费用只占企业利润的 1.6%~1.9%,在莫斯科汽车制造厂只占企业利润的 0.45%。银行利息作用有限。[1]

虽然苏联银行进行了改革尝试,但是始终未能突破"大一统"的银行体制。这种银行体制在高度集中计划经济运行初期尚可维系,但随着苏联经济的发展,其弊端日益凸显。

---

[1] 中国银行国际金融研究所课题组编著《苏联金融七十年》,中国书籍出版社,1997,第 159、160 页。

第二节 中国"大一统"的银行体制的建立与调整（1953~1978）

一 高度垄断的金融体制的建立与强化（1953~1957）

从1953年开始，中国选择了优先发展重工业道路，并开始了大规模的社会主义改造。虽然中国银行业1952年已经完成全行业的公私合营，但1953年伴随着"三大改造"的推进中国的银行体制进一步走向集中，并成立推进"三大改造"的重要手段。1953年至1957年除了作为国家银行的中国人民银行之外，其他银行逐渐式微，中国银行变为中国人民银行的国际金融业务部门；交通银行趋于萎缩并"非银行化"，中国人民建设银行也由财政部管理，中国农业银行组建不久就被撤销。

（一）"大一统"的中国人民银行体制的形成

中国人民银行加强了权力集中。中国人民银行集中央银行与商业职能于一身，既执行中央银行的职能，是国家金融管理机关，又具有商业银行的职能，直接经营金融业务。

第一，加强垂直管理。为了中央能直接领导省区市，也为了更能切实地了解下面的情况，减少组织层次，增加工作效率，克服官僚主义，并适当地加强省、市的领导，1954年撤销大区一级的行政机构。大行政区一级行政机构撤销之后，各大区的国家银行也随之撤销，中国人民银行形成总行、省（区、市）分行及支行三级垂直管理体系。这加强了中国人民银行总行对金融业务的统一管理。

第二,进一步加强对公私合营银行的管理。国家实行对资本主义工商业改造之后,中国人民银行随之进一步加强对公私合营银行的领导,14 个公私合营银行分行行长由 11 个当地中国人民银行副行长兼任。1954 年 8 月,在设有公私合营银行的城市,中国人民银行储蓄部门的领导干部及基层组织干部全部转入公私合营银行,将公私合营银行变为中国人民银行的储蓄业务部门。公私合营银行总管理处受中国人民银行总行的领导,公私合营分行受公私合营银行总管理处及当地中国人民银行的双重领导。1957年 7 月公私合营银行总管理处并入中国人民银行总行储蓄局,公私合营银行国内分支行并入当地人民银行(见图 3-1)。

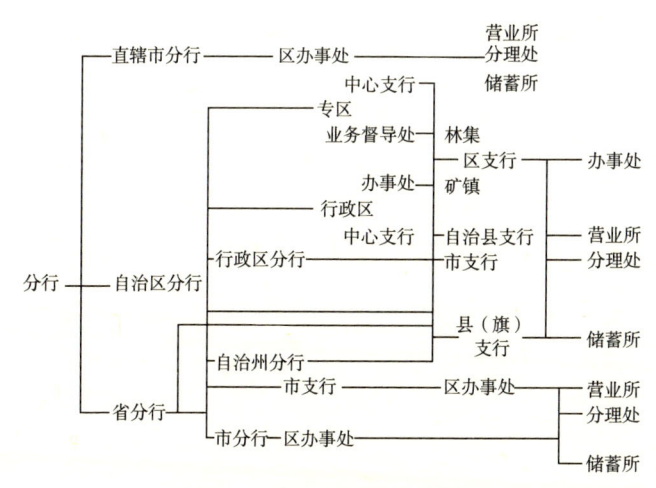

图 3-1 中国人民银行的体制

(二) 交通银行的非银行化

1950年2月，第一次全国金融会议决定，交通银行成为在中国人民银行总行的直接领导下，对工矿、公用事业进行投资和长期贷款的专业银行。它的主要职能是：①管理公私合营企业的公股股权；②办理基本建设投资拨款；③组织长期资金市场。①

1952年交通银行移交财政部管理，1954年通过的《交通银行章程》宣布"交通银行是股份有限公司"，财政部按股份有限公司类型对其实行管理。在交通银行25名董事中有13人是财政部指派，财政部还在7名常务董事中指派1人为董事长，在交通银行监察会中，9名监察人有5名由财政部指派，在监察人中指派出1人为首席监察人。财政部通过指派公股董事与公股监察人，董事长与首席监察人，从组织上控制了交通银行。另外，交通银行的重要事项经董事会审议和协商后，要报请财政部核准；董事、监察人联席会议所协商的事情要报请财政部核准；交通银行每年的盈余分配办法，经董事会协商后，也要报请财政部核准。②

"一五"计划时期，交通银行业务可以分为政府委托和自营业务两大部分。政府委托业务主要包括监督公私合营企业的财务，统一管理公私合营企业中公股、代管股和公私合营企业投资股等方面。自营业务主要包括办理公私合营企业再投资股息红利代售业务，办理公私合营企业的盈余存款业务等方面内容。③

---

① 熊兆翔编著《建设银行发展与改革》，东北财经大学出版社，1989，第2页。
② 赵学军：《中国金融业发展研究 (1949~1957年)》，福建人民出版社，2008，第124页。
③ 赵学军：《中国金融业发展研究 (1949~1957年)》，福建人民出版社，2008，第121页。

1956年全行业公私合营以后，经过一系列的改组改造工作，绝大部分企业实行了定息，企业的性质起了根本变化，在财务处理上，除拨付私股定息和交纳所得税外，基本上可以按照国营企业的办法归口管理了。①交通银行的历史使命结束。1957年财政部认为交通银行有私股存在，而且一些海外分支机构仍在营业，其名义不予取消，但是其经营范围发生改变，重点对地方企业财务实施监督。财政部将农林水利地方财务司的地方企业财务处并入交通银行总管理处，加挂财政部地方企业财务司的牌子，总管理处一套机构有两种职能，交通银行逐步成为财政部门的一个机关。

（三）中国建设银行的建立

"一五"计划建设兴起后，中国国家基本建设投资大幅增加，1954年全国财政支出1/3投入基本建设之中。为了保证基本建设资金的及时供应和监督基本建设资金的合理使用，促使基本建设单位推行经济核算、降低工程成本、节约建设资金，国家决定在财政部系统内设立中国人民建设银行，将交通银行兼办的国家基本建设拨款监督业务，交由中国人民建设银行办理。②

1954年9月，中华人民共和国政务院颁布《关于设立中国人民建设银行的决定》。"中央人民政府财政部系统内设立中国人民建设银行"；"凡国家用于基本建设的预算拨款以及企业、机关等用于基本建设的自筹资金，均集中由中国人民建设银行根据国家

---

① 《财政部关于交通银行今后工作问题的报告》，载中国社会科学院、中央档案馆编《1953—1957中华人民共和国经济档案资料选编（金融卷）》（下称《1953—1957金融卷》），中国物价出版社，2000，第81页。
② 赵学军：《中国金融业发展研究（1949~1957年）》，福建人民出版社，2008，第112页。

批准的计划和预算监督拨付";"中国人民建设银行应根据国家批准的信贷计划,对国营及地方国营包工企业办理短期放款";"中国人民建设银行应监督基本建设资金专款专用,并对建设单位和包工企业的资金运用、财务管理、成本核算以及投资计划完成情况等进行检查监督"。[①]

中国人民建设银行（后称中国建设银行）根据业务需要建立分支机构,未设立分支机构的地区,委托中国人民银行代理,或派驻中国人民银行机构办事。中国人民建设银行设立之初就开始对基本建设资金使用情况的检查和监督,为国家节约了大量建设资金。中国人民建设银行系统1955年审查的基本建设预算（以总值计）比1954年增加了6倍多。中国建设银行在发现许多基本建设预算偏高以后,到1955年11月底,从高估的部分核减了23800多万元。部分分行和支行还建议建设单位削减了不必要的豪华装饰费900多万元。中国建设银行各地分行和支行1955年逐步加强了对各基本建设工程价款结算的监督,严格按照完成多少工程拨付多少款的原则,避免了国家拨款不按照工程实际进度支付所造成的各种损失和浪费。到1955年11月底,工程进度结算总值已占应结算总值的96%以上。此外,中国建设银行还对基本建设流动资金的运用情况加强监督。他们首先核实购置建筑材料的预付款,使预付款额占年度包工合同总值的比例由1954年的23.63%降低到19.36%。这就避免了财政资金的过早集中支付,有效地防止了材料积压。其次为了监督资金的专款专用,保证财

[①] 熊兆翔编著《建设银行发展与改革》,东北财经大学出版社,1989,第4页。

政收入，中国建设银行各级组织还督促建设单位和建筑安装企业上缴了利润、基本折旧金和其他款项共 23000 多万元。①

（四）中国农业银行的建立与撤销

1951 年中国曾成立"农业合作银行"，但其基层业务仍然由中国人民银行管理，1952 年 7 月该银行又被撤销，农村金融业务统一归中国人民银行管理。1953 年"过渡时期总路线"提出之后，国家开始实施社会主义三大改造，中国人民银行业务繁忙，无暇顾及农村金融业。"农村金融工作的加强，必须独立为专业银行才能克服由于机构庞大、任务繁多、运转不灵、顾此失彼而发生的严重脱节现象"。② 为支援农业生产，促进农业的社会主义改造，1954 年 10 月中国人民银行总行建议中国农业银行专门开展农村金融，1955 年 3 月 1 日国务院批复了中国人民银行总行《关于建立中国农业银行的报告》，说："国务院同意建立中国农业银行。并决定中国农业银行归中国人民银行领导，作为中国人民银行总行的一个直辖行，但中国人民银行总行所管农村业务，同时受国务院第七办公室的指导。" 1955 年 3 月 1 日，中国人民银行总行建议建立农业银行专门开展农村金融。1955 年 3 月 25 日，中国农业银行正式成立。③

但在建行过程中，发现原来的建行方案对中国人民银行和农业银

---

① 新华社：《中国人民建设银行加强基本建设财政监督，为国家节约了大量资金》，中国社会科学院、中央档案馆编《1953—1957 中华人民共和国经济档案资料选编（固定资产卷）》，中国物价出版社，2000，第 89 页。
② 《中国人民银行总行关于成立中国农业银行方案（第一次修正稿）》，《1953—1957 金融卷》，第 55 页。
③ 伍成基主编《中国农业银行史》，经济科学出版社，2000，第 17 页。

行的关系规定上存在一些问题。原方案规定，中国人民银行省一级的分行对农业银行省一级的分行是指导关系，而县一级的支行之间的关系则没有具体规定，这就把一个统一的工作分割开来（事实上人民银行和农业银行的业务工作是很难截然分开的），妨碍了统一部署工作和统一使用干部力量，增加了工作结合上的困难，在实际工作中，已经发生了一些不正常的现象，有些省的人民银行分行对农业银行的工作产生了不闻不问的毛病，某些县支行甚至在分配干部的时候发生了本位主义的现象，有些农业银行的干部在工作上主动向人民银行请示报告不够，甚至发生某些不团结现象，这对工作都是不利的。[1] 中国人民银行提出农业银行的省、县机构除受上级农业银行领导外，还应明确受同级人民银行的领导，县农行行长由县人民银行行长兼任，其目的是加强人民银行对农业银行的统一领导。[2]

在实际运行过程中，还发现县以下的人民银行、农业银行两行工作很难划分（实际上县以下的金融工作仍然是由人民银行一个机构办理，没有另外建立农业银行机构）。原因如下。第一，在区、乡的银行发放收购农产品的贷款，组织现金供应，组织非现金结算等工作，事实上是同发放农业贷款，吸收农村存款指导信用合作社的工作联系十分密切，如果划分成人民银行和农业银行两个银行分别管理，反而容易在市场关系、资金调剂、政策配合等方面引起若干困难；第二，两行分立需要增加机构、干部、基本建设和费用开支，而原定在人民银行原有编制和基本建设规

---

[1] 《中国人民银行党组关于解决农业银行建行中存在问题的请示报告》，《1953—1957金融卷》，第67、68页。
[2] 杨希天编著《中国金融通史》，中国金融出版社，2002，第85页。

模的基础上，划分出一整套农业银行机构的方案，在县、区机构中是很难贯彻执行的；第三，即使在已经分设了农业银行的地方，也因为人民银行、农业银行两行的工作划分不清，配合不好，纠纷很多，而且两行干部不便统筹使用，结果真正做农村金融工作的干部比人民银行一揽子管的时候反而减少了，这种情况显然对工作是不利的。[1]为避免与中国人民银行之间的冲突，1957年我国撤销了中国农业银行。

（五）"大一统"银行体制的特征

1953年至1957年中国"大一统"的银行体制得到强化。

（1）银行体制的高度集权。"一五"时期，随着社会主义改造的推进，银行体制进一步集中。一方面，公私合营银行与中国人民银行总行私人业务管理合署办公，公私合营银行纳入了中国人民银行体系。中国建立了以中国人民银行为核心的单一制银行体制，中国人民银行承担国家银行和商业银行的双重作用。另一方面，中国人民银行又随着经济体制的高度集中进一步集权，1954年大区的取消强化了银行的垂直领导。

（2）建立了纵向型的信贷资金管理体制。全国各级银行吸收的一切贷款，都一律上缴总行统一使用，不能自行安排；各级银行发放各项贷款，都由总行分别核定计划指标，逐级下达，各级银行职能在指标范围内掌握贷款发放。在"大一统"的银行体制基础之上，建立了高度集中的信贷计划体制。[2]

---

[1]《中国人民银行总行关于将农业银行重新和人民银行合并的请示报告》，《1953—1957金融卷》，第70页。
[2] 苏少之：《中国经济通史（第十卷）》，湖南人民出版社，2002，第811页。

（3）取消商业信用，将信用集中于国家银行。1953年、1954年两年，企业之间的商业信用仍然占企业流动资金的10%~20%。当时认为，商业信用扩大了企业的流动资金，不利于国家对流动资金的集中管理和资金分配计划的贯彻实施，不利于银行对生产和商品流转计划执行情况的监督。因此，中国取消了商业信用，集中信用于国家银行。1954年3月，中国人民银行和商业部共同清理了国营商业系统内部的商业信用，规定国营商业企业的商品统购货款和资金往来，一律通过中国人民银行办理结算。1955年3月，根据国务院指示，中国人民银行和财政部通过与有关部门共同研究，一致同意取消商业信用。1955年5月6日，国务院批转中国人民银行的报告，同意取消国营工业间以及国营工业和其他国营企业间的商业信用，代之以银行结算。[①] 取消商业信用，一方面加强了中国人民银行对资金的集中管理，另一方面银行成为监督企业的重要手段。

二 "大跃进"对银行体制的影响

（一）"大跃进"时期银行体制的变革

1958年中央提出的方针是在优先发展重工业的基础上，发展工业和发展农业同时并举；争取在十五年后，在钢铁和其他重要工业产品的产量方面，赶上或者超过英国；在十年之内实现《全国农业发展纲要（草案）》四十条规定的目标，要又多、又快、又好、又省的进行社会主义建设，勤俭建国、勤俭办一切事业。

---

① 苏少之：《中国经济通史（第十卷）》，湖南人民出版社，2002，第811页。

1958年银行的中心任务，就是贯彻中央的方针，为工农业生产服务。[1] 1958年为克服经济管理的过度集中，国家实行向地方和国有企业适当下放管理权限的尝试。银行体制在这样的历史背景下，也进行了改革。

第一，下放信贷管理权限。

为发挥"中央与地方"两个积极性，在农村实行"两放、三统、一包"的财政贸易体制。"两放"即放机构、放人员，"三统"就是统一政策、统一计划、统一流动资金管理，"一包"就是包财政任务。从1959年起，银行也划分了中央和地方管理信贷的权限，实行"存贷下放，计划包干，差额管理，统一调度"的管理办法，规定除了中央财政存款和中央企业贷款仍由中国人民银行总行管理以外，其余存贷款的管理权全部下放给地方，实行差额包干：贷款大于存款的差额由中央补助，在计划包干的差额范围内多吸收存款可以多发放贷款。与此同时，许多省、自治区、直辖市进一步把信贷管理权下放到专区和县，对专区和县也实行计划包干、差额管理的办法。

银行的信贷管理权力下放后，信贷计划无法执行，流动资金也很难统一管理。加上公社干部不懂金融业务，不了解金融方针、政策，"瞎指挥"基层银行和信用社的工作，结果造成了多方面挤占、挪用贷款，导致信贷失控，使国家大量的支农资金（包括银行信贷和财政拨款）收不到应有的成效，被白白地损耗和浪费掉。以浙江省为例，浙江省1958年至1961年底以前共计

---

[1] 《曹菊如行长在全国分行行长会议上的报告记录》，载中国社会科学院、中央档案馆编《1958—1965中华人民共和国经济档案资料选编（金融卷）》（下称《1958—1965金融卷》），中国财政经济出版社，2011，第3页。

发放农业贷款14455万元,绝大部分无法收回。之后上报中国人民银行总行和财政部审核批准,全省一共豁免了1961年以前因"大跃进"、人民公社化运动中发放的收不回的贷款10491万元。其中,银行损失8280万元,信用社损失2211万元,分别占1961年农业贷款总额的52.44%和38.1%。1959年下半年,按照中央《关于收回农村基层财贸机构的意见》,把1958年下放到人民公社管理的银行营业所(处)收了回来,但此时的农村信用社仍归人民公社统一领导。①

中国人民银行对商业放款权限也进行了下放。提出"改变过去由总行与中央主管部共同拟订联合下达的形式,并把事权进一步下放,因此决定当前在管理商业放款办法方面,总行只掌握商业放款的方针政策和基本原则"。强调"具体的做法授权各分行根据当地的实际情况,因地制宜自行制订"。②对商业的大规模放贷带来了银行信贷失控。

第二,改变金融制度。

银行部门历来以规章制度严密而著称。从新中国成立到第一个五年计划时期,银行逐步建立的一套规章制度,基本上保证了国家的方针政策和信贷原则的贯彻实施。1958年在改革规章制度中,实行的是"大破大立""先破后立"。在改革烦琐的规章制度的同时,把一些行之有效的规章制度也视作束缚群众手脚的东西而破除了。有些基层银行对一些全国统一制定的基本制度说改就

---

① 陈国强、龚方乐主编《浙江金融史:1949—1999》,浙江人民出版社,2003,第89页。
② 《中国人民银行总行关于便利分行适应跃进形势改进商业放款办法的通知》,《1958—1965金融卷》,第136页。

改,造成有章不循,无章可循;还有些地方把贷款计划下放到企业,甚至不要计划,有的还推行"无账会计";有些地方以"相信群众""填平与群众之间的鸿沟"为由,拆柜台、并机构;有些地方搞无人储蓄、无人换零钱台。原有的规章制度破除了,新的规章制度又没有及时建立,结果造成了银行工作上的混乱。

1959年4月,中共浙江省财政厅党组和中共中国人民银行浙江省分行党组撰写了一个《关于全省银行系统账务错乱清查情况和今后意见的报告》,提到在全省53个县、市中,账务错乱严重的有13个,一般错乱的有28个,错乱较少的只有12个。其中,有总账与分户账不符的,有账表不符或账实不符的,少数地区的个别机构则钱账不符。由于废除了日记账,以凭证代替分户账,破坏了银行账务的完整性。有的问题就更为严重,甚至只有凭证、传票而没有账。由于把先记账、后办理收付改为先办理收付、事后记账,而且有时还把许多笔交易并起来记在一笔账上,账务记载不能反映真实情况,银行见到客户开出的支票即付钱,所以客户透支的情况常有发生。由于废除了银行定期向单位抄送对账清单的做法,使单位无法与银行核对账目,无法及时发现和纠正错误。正常的会计工作秩序被打乱的后果是各地银行错账错款的情况相当严重,之后银行用了六年时间才把账务重查清楚。[①]

第三,充分供应信贷资金。

1958年8月,中国人民银行肯定了银行为支持商业工作"大跃进"而提出的"收购多少物资,银行就供应多少资金;在哪里

---

① 尚明主编《当代中国的金融事业》,当代中国出版社,2009,第105页。

收购,就在哪里供应;什么时候收购,就什么时候供应"的口号,并把银行信贷工作的一些基本原则,如财政资金与银行信贷资金分口管理和分别使用的原则、放款必须有物资保证和按期收回的原则等,当作支持生产的"绊脚石"而加以破除。这样不要"条条""框框",大撒手地供应资金的结果,使1958年银行的流动资金贷款增加了184亿元,而企业的物资库存只增加近100亿元。1958年12月,中共中央发出指示,要求各地清理商业资金,同时要求银行查清并回答其余80多亿元流动资金到哪里去了。当时把查清这个问题称之为"捉鬼"。经过清查,资金占用和物资不相符的主要原因是商业部门赊销物资没有收回款;预付了收购物资款项,实际并没有这种物资,像"指山买柴""指塘买鱼"等。由于银行对所需资金是有求必应,结果大量的贷款发放出去,并没有相应地增加那么多的物资,相当一部分的资金被挪用于搞基本建设。问题是查清楚了,但银行大撒手地供应资金的教训,并没有引起足够的重视。[1]

以无锡市为例。在1958~1960年,无锡市信贷管理实行"存放合一",取消逐笔申请、逐笔核贷的制度。翌年又实行"全额信贷"。提出"什么时候要就什么时候给,要多少给多少"的口号,盲目支持商业部门盲目经营,商业贷款迅猛上升,1958年度商业贷款为11828万元,1959年底为13356万元,1960年底为14380万元,分别比1957年增长216%、252%和279%。据1959年7月人民银行市支行统计,在市属23户国营商业企业库存商品中,冷背残次和

---

[1] 尚明主编《当代中国的金融事业》,当代中国出版社,2009,第105页。

呆滞难销的商品计有 1132 万元，占库存商品总数的 9.4%。1960 年 9 月中国人民银行市支行和商业局联合发出《关于切实加强商业流动资金管理的十项规定》，商业流动资金管理才逐步加强。①

第四，吸收存款和收回贷款"放卫星"。

在"大跃进"的"大放卫星"中，银行存款和贷款也开始了"放卫星"。当时认为，在生产"大跃进"的基础上，公社存款、人民储蓄存款、财政性存款都要大量增加，特别是人民公社的钱会越来越多，因此提出在农村要大量吸收存款，并鼓励各地在收回贷款和吸收存款工作中"放卫星"，搞"无贷县""无贷乡"。在"人有多大胆、地有多大产"口号的影响下，在中国人民银行的鼓励和支持下，全国各地银行部门你追我赶，许多地方的银行提出了脱离实际的高指标，有的地方银行存款规划层层加码，甚至弄虚作假。例如，河北省分行要求全省 1958 年的储蓄存款余额在 1957 年 8800 万元的基础上翻一番，1962 年末达到 5 亿元，并向全省银行职工提出了这样的行动口号："一年之内越山东，三年跨过北京城，急起直追越上海，争取全国第一名"；河南省鲁山县支行，1957 年底的城镇储蓄存款余额为 21.8 万元，1958 年上级分配的存款任务为余额 30.07 万元，而该行自己提出储蓄存款余额要达到 40 万元，并且声称"不创造奇迹，不算好汉"。为了放"储蓄卫星"，有的动员单位将公款转入"储蓄"，有的一边虚增社员的贷款，一边虚增社员的存款。山东省平原县有一个银行营业所，由于区党委组织财贸"大跃进""放卫星"，虚报粮食

---

① 张荣坤主编《无锡市金融志》，复旦大学出版社，1996，第 138 页。

亩产500斤，他们就采取转一笔账的办法，在所谓粮食的总产量和收购量都"增加"的情况下，把银行的存款在一夜之间增加了20万元，实际上什么也没有增加。①

第五，全额信贷。

从1955年开始，国营企业的流动资金由财政和银行分口供应：定额部分由财政拨给，超定额部分由银行贷款支持。1958年12月，国务院决定国营企业的流动资金改由中国人民银行统一管理。为了贯彻执行国务院的这一决定，1959年2月，财政部和中国人民银行对国营企业流动资金的管理又做了一些具体的规定：自1959年1月起，国营企业、地方国营企业和已经实行定息的公私合营企业所需的流动资金，不分定额和超定额，一律由中国人民银行按信贷方式统一供应、统一管理；原来由财政拨给企业的自有流动资金，全部转作中国人民银行的贷款，统一计算利息；企业需要增加的定额流动资金，由各级财政部门列入预算，全额拨交当地中国人民银行作为信贷基金；抽调企业自有流动资金用于基本建设或其他用途的，要进行清理和设法补足，不得冲减企业的法定基金，不得减少国家的流动资金；企业向银行借的流动资金贷款，只能用于生产周转和商品流转的需要，不得用于基本建设和其他用途。同时还规定，企业主管部门应当向财政部门和中国人民银行编报年度流动资金计划，由财政部门和银行部门共同审定，作为考核企业主管部门资金周转的依据。这种管理制度，习惯上称作"全额信贷"。②

---

① 尚明主编《当代中国的金融事业》，当代中国出版社，2009，第106~107页。
② 尚明主编《当代中国的金融事业》，当代中国出版社，2009，第107~108页。

1959年末工业放款比1958年末增加90.7亿元，相当于1958年工业放款增加额的2倍左右。工业放款的迅速增长，保证了工业生产的高速度发展。1959年商业部门纯销售额达872.9亿元，比1958年增长27%；商品采购总额达781.4亿元，比上年增长36.1%；1959年末商品库存总额为417.1亿元，比1958年增长27.6%。随着商品流转的扩大和商品库存的增加，银行的商业放款也相应地迅速增加。1959年商业放款（不包括预购定金放款）比1958年增加100亿元，增长29.2%。在积极支援工业生产和商品流转的扩大的同时，银行还通过信用方式对公社发放贷款。1959年农贷总额40亿元，比1958年增长4.4%，这在保证农业生产"大跃进"的资金的使用方面起了重要的作用。

随着财政收支的增加，银行资金来源中源自财政方面的比重迅速增长。1959年财政性存款比1958年增加80.2亿元，财政增拨信贷资金比1958年增加46.4亿元，两项共计为126.6亿元，占银行资金来源增加额的63.2%（1958年的比重是47.4%）。1959年财政增拨信贷资金比1958年增加较多，主要是由于实行全额信贷后，企业需要的流动资金转由银行贷款解决的缘故。[①]

以长沙市为例，县级工业原来财政所拨自有流动资金6026万元全部转为银行贷款，按月利率6‰计息。1959年末贷款余额11998.8万元，比1958年增加1.8倍。1960年，又上升到26048.3万元。在这期间，国营工业贷款以服务钢铁、机械"元帅"为中心，全力支持地方工业发展。地方工业企业钢铁、机械

[①] 《国家统计局：财政、信贷工作促进了工农业生产的大跃进》，《1958—1965金融卷》，第178页。

贷款占国营工业贷款的比例：1958年占94.73%，1959年占50.7%，1960年占52.1%。全市钢铁生产企业至1960年累计亏损4299万元，除财政拨补798万元，其他占用554万元外，由银行贷款2947万元。①

但由于财政部门在资金安排上，不能保证将企业需要增加的定额流动资金拨交给中国人民银行，银行无力独自承受"全额信贷"的重担，同时由于银行放松信贷管理和敞开资金供应，造成了信贷失控，也使"全额信贷"的改革难以持续下去。两年以后，国营企业流动资金的管理，又不得不重新实行财政与银行共管的办法。

（二）"大跃进"银行体制变革带来的后果

（1）在中央推行"大跃进"政策的背景下，银行货币增发过多，造成了全国的通货膨胀。陈云同志在《目前财政经济的情况和克服困难的若干办法》的讲话中指出："这几年挖了商业库存，涨了物价，动用了很大一部分黄金、白银和外汇的储备，在对外贸易上还欠了债，并且多发了六七十亿元票子来弥补财政赤字，这些，都是通货膨胀的表现。"①当时通货膨胀的具体情况是：1958~1960年三年共增发钞票43亿元，比"一五"计划时期五年间所增发的钞票还多18亿元；1960年末的市场货币流通量为95.9亿元，比1957年末增长81.6%。银行多发的这些钞，并不是经济性的发行，主要是被用于大搞基本建设，填补财政开支的窟窿。这样，就掩盖了财政上"假结余、真赤字"的虚假现象。

---

① 陈潋霜：《长沙金融志》，内部发行，第198页。

1958~1960年，从账面上看，财政不仅没有赤字，反而结余3.97亿元（1958年结余9.23亿元，1959年结余13.89亿元，1960年赤字19.15亿元）。直到1962年，才将"大跃进"期间财政收支的真实情况查清楚，三年共发生赤字169.39亿元（1958年赤字21.8亿元，1959年赤字65.74亿元，1960年赤字81.85亿元）。

（2）银行大撒手供应资金给一些地方挪用银行贷款搞计划外基本建设提供了方便。由于计划外基本建设大量增加，相应地增加了计划外的购买力，造成市场物资缺乏，生活资料供应紧张，给经济建设和社会经济生活带来了很大的困难。

（3）由于放松了对农村资金的管理，使大量农业贷款变成了呆账。据统计，经国务院批准，国家豁免的1961年以前的农村欠款总数达91亿元。其中，豁免的银行农业贷款45亿元，信用合作社贷款10亿元，商业部门的赊销、预付、预购定金36亿元。在豁免的45亿元银行农业贷款中，属于1958~1960年发放的、被社队用于大办各项事业而没有收益的即达16.4亿元。以上豁免的欠款总额，相当于1958年财政总收入的24%，相当于1958年银行信贷基金总额的94%。这样严重的损失，其教训是十分深刻的。[①]

三　调整时期的银行发展

（一）银行业的整顿

国民经济调整时期，中央对国民经济实行"调整、巩固、充

[①] 尚明主编《当代中国的金融事业》，当代中国出版社，2009，第108、109页。

实、提高"的八字方针。银行体制也开始了调整。1962年3月10日，中共中央和国务院做出了《关于切实加强银行工作的集中统一，严格控制货币发行的决定》（即《银行工作"六条"》）。其主要内容如下。

（1）收回几年来银行工作下放的一切权力，银行业务实行完全的彻底的垂直领导。中国人民银行的各个分支机构，在有关业务的计划、制度和现金管理等方面，必须受中国人民银行总行的垂直领导。经国家批准由总行下达的信贷计划、现金计划、贷款办法、结算办法和其他重要规章制度，各地党委、各地人民委员会和中央有关部门必须坚决保证其实现。有不同意见可以提出，但是非经总行同意，不得自行变更。

（2）严格信贷管理，加强信贷的计划性。非经中国人民银行总行批准，任何地方、部门和企业、事业单位，不得在计划以外增加贷款，各级党政机关不得强令银行增加贷款。银行的年度信贷计划，作为整个国民经济计划的一个重要组成部分，经各级计划机关和财政机关统一平衡后，由中共中央和国务院批准。在批准计划的范围内，各部门、各地区必须层层控制，层层负责，不准突破。中央各部门所属企业的贷款指标，由各主管部门和中国人民银行总行下达给企业和企业所在地的银行，由当地银行在指标范围内，逐笔审查，核实贷放。各省、自治区、直辖市的贷款指标，由省、自治区、直辖市人民委员会负责在总行下达的指标范围内，掌握分配，从严控制。遇有特殊情况，确实需要增加指标时，必须按照程序先上报总行，经批准后，方能用钱，决不容许"先斩后奏"。

（3）严格划清银行信贷资金和财政资金的界限，不许用银行贷款作财政性支出。银行发放贷款，必须以能够按期偿还为前提。一切非偿还性的开支，只能使用财政预算资金，按财政制度办事，不得挪用或挤占银行贷款。银行贷款绝对不准用于基本建设开支；不准用于弥补企业亏损；不准用于发放工资；不准用于缴纳利润；不准用于职工福利开支和"四项费用"（企业技术措施费、新产品试制费、劳动保护费、零星固定资产购置费）开支。

（4）加强现金管理，严格结算纪律。一切机关、团体、企业、事业、学校、部队都必须严格执行现金管理制度。超过规定限额的库存现金，必须随时存入中国人民银行。一定数量以上的交易往来，必须通过中国人民银行转账结算，不得直接支付现金。坚决制止一切违反现金管理制度和结算制度的现象。不准携带现金到处抢购物资；不准开空头支票；不准相互拖欠；不准赊销商品；不准预收和预付货款。中共中央和国务院责成中国人民银行进行严格的工资监督。各单位必须做出工资计划，由当地人民委员会在国家规定的工资指标范围内核实批准。银行根据批准的计划监督支付，不得超过。

（5）各级中国人民银行必须定期向当地党委和人民委员会报告货币投放、回笼和流通的情况；报告工商贷款的增减和到期归还的情况；报告工资基金的支付情况；报告企业亏损的财政弥补情况；报告违反制度把银行贷款挪作财政性开支的情况和其他有关的重要情况。在报告这些情况的时候，必须将拖欠贷款、超支工资和发生亏损的单位名称、有关数字，一一开列清楚。各地党委和各级人民委员会应当定期讨论银行工作，至少每月讨论一次，针对银行提出的情况和问题，采取具体措施，加以处理。各级中国人民银行必须加强机构，充实人员，改进工作，加强监督，从信贷资金的供应方面，保证计划的执行，为国家守计划，把口子。银行必须认真坚持信贷制度、现金管理制度、结算制度和货币发行制度，同一切违反制度、违反国家计划的行为做斗争。银行人员不坚持制度，以失职论处。各单位人员不遵守制度，以违犯财经纪律论处。

（6）在加强银行工作的同时，必须严格财政管理。财政银行都要按计划办事，谁的支出谁安排，谁的漏洞谁堵塞。财政要坚持收入按政策，支出按预算，追加按程序。企业亏损必须做出计划，经国家批准，由财政按计划弥补。地方企业的亏损，经省、市、自治区人民委员会批准，由地方财政弥补；中央直属企业的亏损，经中央财政部批准，由中央财政弥补。企业生产最低需要的定额流动资金，必须由财政在核实的基础上打够拨足，不得少列少拨，挤占银行贷款。财政收入和支出都必须落实，防止任何虚假现象，真正做到预算和信贷的平衡。[①]

在《银行工作"六条"》颁发之后，中共中央、国务院又起草、颁发了《银行工作条例（草案）》，对银行工作的总则、计划管理、存款和储蓄、工商贷款、农业贷款、现金管理、转账结算、货币发行、金银和外汇、信贷监督和信贷制裁、会计出纳、机构干部和政治工作等，做出了具体的规定，进一步明确了有关

---

① 尚明主编《当代中国的金融事业》，当代中国出版社，2009，第115~117页。

的政策界限和制度规定。

（二）银行机构的变化

1. 中国建设银行的重新成立

1958年"大跃进"时，推行投资包干，权力下放，建设银行被视为"大跃进的绊脚石"，取消了系统垂直领导，机构被完全并入各级财政部门，对外仅保留建设银行的名义，建设银行名存实亡。1962年，国务院决定恢复中国建设银行。1962年恢复为中国建设银行，明确其负责管理国家固定资产投资的国家专业银行身份。强调"建设银行的业务实行垂直领导。在党的工作和行政工作方面，省、市、自治区分行仍受财政厅（局）的领导；省、市、自治区以下的分行、支行、办事处受当地党委和人民委员会领导"。"有关基本建设财务拨款制度会计制度和放款制度，由总行统一制定，报经财政部批准后施行。省、市、自治区建设银行分行可以结合本地区情况，制定补充规定，报省、市、自治区人民委员会批准后施行。省、市、自治区分行对于总行的制度规定有不同意见，可以提出，但是非经总行批准，不得自行变更"。[①]

2. 中国农业银行的成立与撤销

1963年10月，党中央、国务院恢复1957年被撤销以及被并入中国人民银行农村金融管理局的中国农业银行，从上到下建立了中国农业银行农村金融管理局的农村金融业务。

[①] 《财政部关于恢复建设银行的机构和加强领导的通知》，中国社会科学、中央档案馆编《1958—1965中华人民共和国经济档案资料选编（财政卷）》，中国财政经济出版社，2011，第428页。

中国农业银行是国家设立的专业银行，作为国务院的一个直属机构，办理国家支援农业资金的拨付和贷放。国家支援农业的资金，包括国家对农业、林业、牧业、水利等事业的投资和经费支出，包括国家支援农村人民公社、生产队的拨款和贷款。这些资金的分配和使用，由各级党委和人民委员会在上级分配的指标范围内安排确定。中国农业银行按照国家的计划、预算、政策和制度，按照既经确定的拨款额度、费用标准和贷款指标，逐笔审查核实，然后拨付和贷放。农业资金管理小组、有关主管部门和中国农业银行，对支援农业资金的使用情况，应当进行严格的监督和检查，随时总结经验，及时反映情况。其主要职能为以下八点。

第一，监督支付国家对农业、林业、牧业、水利等基本建设投资的拨款（大中型水利基本建设的拨款，仍由中国建设银行监督拨付）。

第二，监督支付国家对农业、林业、牧业、水利等事业单位的事业费用。

第三，监督支付国家对农场、林场、牧场、渔场、拖拉机站、排灌站等国营农业企业的各项财政拨款；办理这些农业企业的贷款。

第四，监督支付国家对农村人民公社、生产队的各项财政拨款；监督支付国家对农村的救济费；办理农村人民公社基本核算单位和社办企业的各项贷款。

第五，协助农业部门，辅导农村人民公社和生产队的财务会计工作。

第六，协助中国人民银行，监督支付商业部门在农村发放的各项农产品预购定金。

第七，领导农村信用合作社吸收农村闲散资金，发放贷款，帮助贫农下中农解决生产和生活方面的困难，打击高利贷。

第八，代理中国人民银行在农村的存款业务；办理中国人民银行委托的现金管理和其他业务。代办这些业务所吸收的资金，应当全部转交中国人民银行，中国农业银行不得自行支配。[1]

中国农业银行的各级机构在业务上实行垂直领导，中国农业银行成立之后开始实施全面安排支农资金、建立贫下中农无息专项贷款、接办投资拨款监督工作等措施，促进了农业的恢复。但中国农业银行与中国人民银行并存，又出现了一些矛盾。当时认为"两行基层机构的工作有些重复，增加了手续；管理机构重复，增加了行政管理人员，而基层机构的人员，特别是支援农业第一线的人员增加不多；两行分工与合作当中存在一些问题"[2]。1965年中国农业银行再次被撤销。

四 "文革"时期的金融体制

"文革"一开始，全社会正常的社会秩序、生产秩序和工作秩序迅即被打乱。新中国成立以来的金融工作成绩被否定，原本正确的业务指导思想也被抛弃。例如，坚持财政信贷综合平衡被

---

[1] 《中国人民银行总行关于便利分行适应跃进形势改进商业放款办法的通知》，《1958—1965金融卷》，第136页。
[2] 《中国人民银行党组、中国农业银行党组关于中国农业银行同中国人民银行合并的请示报告》，《1958—1965金融卷》，第45页。

视为"用财政信贷卡经济",一些传统的金融业务活动被划入资本主义的范畴而被废止,等等。其中最典型的是 1968 年 12 月所谓的"抚顺经验"。"抚顺经验"是 1968 年 12 月中国人民银行辽宁省抚顺市分行发起的,是一个引导群众"斗私批修"、大搞群众运动所谓"走政治建行道路,创造银行新体制"的经验。这个"经验",全面否定银行固有职能作用和银行工作已有的成绩。①"抚顺经验"在 1970 年 7 月全国财政银行工作会议上被作为典型推广,在金融部门造成思想上的极大混乱。思想上的混乱导致政策原则和工作上的混乱,使金融工作中出现了贷款大撒手和放松金融管理的错误倾向,造成货币发行过多,资金使用效益低下的不良后果。在"革命大批判"中,结算制度被批判为"封、资、修的大杂烩",结算工作也受到干扰,再次出现无章无法、各自为政的混乱局面。②

"文革"时期,银行机构也受到冲击。1969 年 7 月,中国人民银行总行与财政部合署办公(直到 1978 年 1 月 1 日才分开办公),大批干部下放"五七"干校劳动。基层银行机构由各省、自治区、直辖市自行决定③,银行组织内部混乱。以天津市为例,天津市不仅把银行并入市财政局作为财政局的一个业务组,而且把市税务局、工商局都并在一起,统称市财政局。市内各区及郊区、县银行纷纷效法将银行并入各区、县财政局。④ 1971 年,国

---

① 尚明主编《当代中国的金融事业》,当代中国出版社,2009,第 133 页。
② 李扬等:《新中国金融 60 年》,中国财政经济出版社,2009,第 54 页。
③ 宋士云:《中国银行业市场化改革的历史考察》,人民出版社,2008,第 157 页。
④ 沈大年主编《天津金融简史》,南开大学出版社,1988,第 117、118 页。

民经济中出现了"三个突破"：全民所有制企业职工人数突破5000万人，工资支出突破300亿元，粮食销售量突破4000万吨。这是经济上管理混乱、积累率过高、基本建设投资过大造成的恶果。1971年底，在周恩来同志主持下国民经济开始调整，努力解决"三个突破"的问题这一时期，在金融方面主要是加强货币、信贷管理工作。在初步澄清"文革"初期金融工作在思想认识上和政策原则上所造成的一些混乱后，金融部门提出要从三个方面加强银行职能：反对只在资金收支上打圈子，不关心生产发展的错误观点，反对把支持生产看作单纯给钱，否定管理和监督的错误观点，把服务和监督结合起来，更好地促进国民经济的发展；保证银行部门纵向业务管理，统一计划、统一制度、统一货币发行、统一资金调度；严格划清财政资金和信贷资金的界限，强调财政业务和银行业务必须分开，财政资金和信贷资金必须分别管理，不得擅自动用银行资金。银行资金不得用于基本建设，不能用于弥补企业亏损，不能用于职工福利，不能用于垫缴被挪用的利润及其他财政性开支，不得用于发放工资。随后，在这些精神的指导下，国务院逐步恢复银行的机构体系，把能办理金融业务机构调整为：计划局、工商信贷局、农村金融局、货币发行局、国外业务管理局、中国银行等。与此同时，金融管理工作也得到加强：重申信贷计划管理和现金计划管理的基本原则，改进信贷计划的管理体制，恢复编制现金计划的制度，改变"文革"以来现金收支无计划的放任自流状态；控制货币发行，加强对信贷收支执行的监督管理；贯彻财政资金与信贷资金、基本建设资金与流动资金分口管理的规定，强调银行贷款按计划严格控制，清除不合理的资金占用和挪用；加强工资基金的监督支付，恢复合理的规章制度，解冻储蓄存款，落实侨汇政策，筹措外汇资金等。在这些措施的推动下，国内的金融秩序明显好转，混乱的局势得到一定的控制。然而，1974年开始的"批林批孔"运动使得刚刚得以恢复的金融活动再次受到挫折。

1975年邓小平主持全面整顿工作下，金融领域的混乱有所整顿。财政金融领域提出了十条整顿要求（以下简称"要求"）。"要求"提出，银行部门要切实加强对企业的信贷管理工作，各部门必须严格执行国家批准的现金收支计划和货币投放回笼计划，保证货币发行权集中在中央；重申要严格划清银行信贷资金和财政资金的界限，防止银行被迫多发钞票，中国人民银行的业务要继续实行"统一领导，分级管理"的原则。

但是随后的"批邓、反击右倾翻案风"运动，又使之前的整顿工作陷入僵局，全国的金融形势再度陷入混乱之中。[1]

第三节 中苏"大一统"银行体制比较

围绕优先重工业发展战略的实施，中苏两国都选择了高度集中的经济体制，银行体制也转变为"大一统"的银行体制，中国的人民银行和苏联的国家银行均承担着中央银行和商业银行双重职能，而且银行成为财政的附属物，形成了"大财政、小金融"的格局。这种银行体制有助于中苏两国集中资金，完成重要领域

---

[1] 李扬等：《新中国金融60年》，中国财政经济出版社，2009，第56~57页。

第三章 | 中苏"大一统"的银行体制建立与调整

的突破,但是也带来效率偏低的问题。中苏虽然在计划经济运行中,为提高经济效率,也尝试对"大一统"的银行体制进行改制,但最终未能突破"大一统"的银行体制框架。通过比较两国银行体制,我们可以发现以下特征。

第一,伴随着苏联和中国选择高度集中的计划经济体制,中苏形成了"大一统"的银行体制。在两国的"新经济政策"和"新民主主义经济"时期,苏联与中国存在多个银行,银行之间存在竞争。这种机制虽然有利于提高企业运行效率。但银行之间的竞争使企业可以从多家银行获得资金。在资金短缺的背景下,这容易导致资金的分散。当时中国和苏联政府都认为银行体制中存在"平行主义"的现象。为了更为集中地利用资金,苏联和中国都选择了建立"大一统"的银行体制,使银行机制走向单一化。苏联将全国所有短期贷款全部集中在国家银行,而成立的工业、农业、公用事业等专业银行主要从事长期贷款的投资业务。专业银行之间的业务不交叉,以期避免竞争带来的交易成本。中国则建立了高度集中的中国人民银行体系,将中国银行、公私合营银行、中国农业银行等并入中国人民银行体系。

第二,银行更多地成为计划经济中的一部分,为维护计划经济运行服务。一方面,中苏两国取消商业信用,银行起监督企业的作用。苏联1930年实行信用改革。我国1954年清理了商业信用,逐步建立起高度集中的信用制度。这样使银行充当了国家的"出纳"的作用,监督企业资金流向。另一方面银行执行国家的经济政策,完成部分国家职能。例如中国人民银行信贷政策成为推行"三大改造"的工具,中国人民银行提出"过渡时期国家银行对私营工商业的业务,是实现国家总路线总任务,亦即对私人资本主义经济利用、限制改造政策的一种工具。国家对私人工商业的一切业务必须从国家的政策原则与要求出发,绝不能单纯从银行业务出发,考虑问题与进行工作"[1]。银行参照国家机关的管理模式,更多执行国家指令进行贷款,对企业需贷的资金并不关心。苏联的银行体制也是为苏联工业化服务。

第三,"大一统"的银行体制虽然可以避免银行竞争,集中资金,但银行在运行过程中也存在委托代理关系,随着经济总量的增加,机构本身的代理成本也不断提高。尤其中国在计划经济时期一度选择了中国人民银行是全国唯一银行的体制,在运行过程中,也经历了多次调整。中国农业银行曾于1951年、1955年、1962年三年三次建立,1952年、1957年、1965年又被三次撤销。中国建设银行也经历了两次建立与撤销。专业银行的分设的初衷是希望能够提高资金利用率,避免中国人民银行的组织机构过于庞杂带来业务办理的低效率。例如,在1963年中国农业银行第三次成立之时曾提出"由于资金在使用上还缺乏通盘规划和严格制度管理,也发生了一些浪费资金和挪用资金的现象,使部分资金没有能够受到应有的效果"[2]。但是中国农业银行在设立之后与中国人民银行之间的业务协调再次出现了摩擦冲突的现象,1965年中国农业银行再次撤销。在"大跃进"和"文革"时期,中国政

---

[1] 中国人民银行总行私人业务局:《国家银行对工商业务的性质与任务》,《1953—1957金融卷》,第13页。
[2] 《中共中央、国务院关于建立中国农业银行统一管理国家支援农业资金的决定》,《1958—1965金融卷》,第29页。

府均做出过通过下放银行信贷权限,希望能够提高银行资金利用率的尝试。但最终未能摆脱"一放就乱,一收就死"的循环。

苏联一直有比较完备的专业银行体制,为提高银行运行效率,苏联在 20 世纪 60 年代也进行了扩大银行职能的改革。苏联采取了改变固定资产投资来源,将财政无偿划拨资金改为银行的有偿贷款的措施;同时推进银行利率改革,让苏联银行在一定程度上拥有与企业制定贷款利率的自主权,希望能够通过这些手段提高银行的经济效率。但是由于未能突破"大一统"的银行体制,最终苏联银行也未能达到改革的目的。

中国和苏联在这一时期建立的"大一统"银行体制,实行资金统收统支的供给办法,使银行经济职能大大削弱。银行机构不断集中,使银行成为国家资金计划分配的渠道,成为财政的出纳和簿记。这种体制在建立之初在资金短缺的情况下,发挥了推进经济的作用。但是随着经济总量的增大,"大一统"银行体制内部组织成本也会不断上升,这时这种银行体制就难以适应经济发展需要。在"大一统"银行体制的框架内,中国和苏联都进行过改革的探索,但由于整个经济管理体制未能有效改变,银行的经济核算只限于成本核算和收支平衡,不自负盈亏,因此银行的自主性和自我约束能力未能有效提高,银行体制改革事业远未完成。

第四章

市场化改革的探索与中苏银行体制变革

第一节 戈尔巴乔夫改革下的银行体制变迁

一 戈尔巴乔夫的改革与银行体制变革的背景

虽然1965年勃列日涅夫在推行新经济体制时,其初衷是通过改革来扭转当时经济增长速度下降的趋势,但是到20世纪70年代末期,苏联经济的增长速度却逐年下降。1976年至1980年社会生产总值增长率仅为4.8%,1981年至1985年这一数值只有3.7%;工业产值增长率也由1976年至1980年的4.4%下降为1981年至1985年的3.6%,社会劳动生产率由3.3%下降为2.7%。[1]高度集中的指令性计划经济始终未能有根本性改变,苏联经济模式的活力正在逐步地"蒸发"。

---

[1] 陆南泉:《苏联经济体制改革史论》,人民出版社,2007,第395页。

在安德罗波夫、契尔年科短暂执政之后，1985年3月，年富力强的戈尔巴乔夫担任苏共中央总书记，苏联开始了改革的历程。1985年苏共中央"四月全会"，成为苏联历史的转折点。在这次全会上戈尔巴乔夫承认苏联经济困难的同时，提出通过广泛采用科技革命成果，使社会主义经营管理方式符合现代条件的要求，加速社会经济进步。1986年2月苏共召开第二十七大正式提出了"加速战略"。在第二十七大的决议中明确提出："党的主要活动领域过去是，现在仍然是经济。"加速科技进步和根本改革是现行经济体制中"加速战略"的两个基本手段。戈尔巴乔夫提出："不深刻地改造经济机制，不建立更充分发挥社会主义潜力的完整、有效和灵活的管理体系，就不可能解决经济方面的新任务。""经济管理需要不断完善，这是不言而喻的。但是，当前的形势是，不能只局限于局部的改进，必须进行根本的改革。"苏联开始探索经济体制改革，希望能够通过扩大企业自主权，调整国有经济体制，积极发挥集体所有制的潜能，允许个体经济的发展，在一定程度上促进商品经济的发展。

随着整个国民经济体制改革的深化，高度集中的单一银行体制越来越不适应苏联经济的发展。1987年苏共中央六月全会的报告中，戈尔巴乔夫强调"信贷在很大程度上也失去了自己的作用。信贷不同于无偿拨款这条界限已经被冲破""信贷杠杆及刺激实际上已不能完成管理扩大再生产和监督、合理利用生产潜力和资源的工具的职能。在没有必要的经济根据的情况下提供贷款，用它来抵补完不成计划任务和经营不善的联合公司、企业和组织的亏损和长期的财政亏空的不良做法相当普遍。"[1] 银行体制改革成为苏联经济体制改革的重中之重。

二 1987年——1990年的银行体制改革

1987年7月，苏共中央和苏联部长会议通过了《关于完善银行体制和加强其对提高经济效益的影响》的决议，提出了改组银行机构、实行二级银行体制、划分各银行职能和任务的改革思路，建立以国家银行为中心，专业银行为基础的新银行体系。1988年苏联废除沿用了几十年的"大一统"银行体制，对原来几乎包揽全部银行业务的国家银行进行了改组，建立二级银行体制。苏联银行改革后建立低一级的独立的商业银行和高一级的负责货币流通、发行以及监督普通银行工作的中央银行。为了贯彻执行国家统一的货币流通和信贷政策，还成立了专门的协调机构——苏联银行理事会（后改为俄罗斯银行理事会）。经过一系列的银行改革，苏联的主要银行有六个。

（1）苏联国家银行。1988年改革后，苏联国家银行逐步承担中央银行的职能，而不再从事为国民经济各部门直接服务的业务活动，将具体的业务活动交给专业银行。经过调整苏联国家银行的主要职责集中于：制定和执行国家统一的金融政策，对全国的货币信用实行中央计划管理；协调各专业银行活动并对它们的主营业务进行监督，组织各专业银行之间的结算；组织和稳定全国货币流通，保证国家预算的顺利执行；编制综合

---

[1] 苏欧译《苏联关于经济改革的十二个文件汇编（一九八七年六月——一九八七年七月）》，国家经济体制改革委员会理论宣传局，1987，第198、199页。

信贷计划并提交部长会议批准；参与苏联经济与社会发展计划、商品出口计划及国家综合外汇计划的编制；制定信贷、结算、现金业务的有关规定；与国家计委、财政部协商确定存、贷款利率等。[①]

（2）苏联对外经济活动银行。它是由原来"苏联对外贸易银行"改名，总行设在首都莫斯科。直属部长会议领导，实行理事会制度。苏联财政部、国家银行、外贸部、全苏消费合作总社是其股东。它是苏联对外经济活动银行代理。主要职能是：为实行对外经济联系的企业（联合公司）提供出口和非贸易业务结算，监督综合外汇计划的执行，在国际外汇及信用市场上开展有关业务。苏联对外经济活动银行根据经济核算制和外汇上的自负盈亏的原则办理从事对外经济活动的联合公司、企业和组织的贷款和国外付款业务。各专业银行也可根据与苏联对外经济活动银行签订的协定开展这项业务活动。

（3）苏联农工银行。该银行创建于1988年1月，总行设在莫斯科，主要办理农工综合体的联合公司、企业和组织以及消费合作企业的主要活动的贷款、基本投资的拨款和贷款及结算业务，其主要职能是确保更有效地利用旨在进一步发展农工综合体的企业和组织的物质技术基础的资金及实现粮食发展纲要。

（4）苏联住宅公用事业及社会发展银行。创建于1988年1月，是苏联的专业银行。总行设在莫斯科。该行是根据1987年苏共中央六月全会精神以及苏共中央和苏联部长会议于同年7

[①] 陈正英等编著《世界金融机构概览》，中国金融出版社，1991，第177页。

月做出《关于完善银行体制和加强其对提高经济效益的影响》的决议而建立的。该行主要负担整个社会文化和非生产部门、轻工业、国营商业、住宅公用事业和生活服务业活动的拨款、贷款和结算业务。促进合作网的发展，建立合作社的物质技术基础和发展个体劳动活动在这一银行的业务活动中占有显著的地位。

（5）苏联工业建设银行。苏联的专业银行，创建于1959年，当时称"全苏基本建设投资拨款银行"，1988年改为苏联工业建设银行。自1981年该行直属苏联部长会议领导。总行设在莫斯科，其分支机构按行政区划设置。该行的主要职能：办理工业（基础工业和建材工业）、建筑业、交通、邮电、科学、国防、苏联部长会议国家物资技术供应委员会系统的贷款，基本投资的拨款和贷款，以及结算业务。1988年改革后，撤销建设银行，把工业、建筑业、交通运输、通讯以及日用品供应和科研机构等产业部门的信贷和结算业务划归新成立的苏联工业建设银行。接受苏联工业建设银行或其他银行服务的企业，不能再像过去那样分别得到国家银行的经营性和全苏基本建设投资拨款银行的投资性贷款。[①] 改革后该行职能进一步扩大，它既为经营活动，又为各种形式的投资（新建工程、现有企业的改建与扩建、新技术推广）创造综合信贷结算服务的条件。

（6）苏联劳动储蓄和居民信贷银行。它是苏联的专业银行，原称"苏联国家储蓄银行"，创建于1922年，隶属苏联财政部领

[①] 朱显平：《俄罗斯银行体制和信贷企业研究》，吉林人民出版社，2005，第25页。

导。1963年划归苏联国家银行管辖，1988年1月改称苏联劳动储蓄和居民信贷银行，总行设在首都莫斯科，在全国设有86740个储蓄所。该行主要职能是要保证国内储蓄业务的组织工作，办理居民的非现金清算和出纳业务，必要时也办理组织和机关的非现金清算和出纳业务，发行和偿还公债，为公民的各种消费需要发放贷款，并对私营企业、合作社发放贷款。[1]

1987年推进的银行体制改革，要求这些专业银行及其分行能够收支相抵，避免亏损，在保持银行集中管理的体制下扩大了银行的自主权。具体措施是改革信贷管理体制，下放信贷资金的管理权，授予各专业银行以及各级分支机构在分配和管理信贷资金方面的权力，提高信贷机制的灵活性和应变能力。但是由于没有明确划分出专业银行可以掌握的资金资源，收支相抵难以实现。专业银行的经营在一定程度上同萌生的市场经济关系相抵触。[2]

1988年3月31日苏联部长会议通过了《关于国家专业银行向完全经济核算和自筹资金过渡的规定》第280号决议，决议规定了国家专业银行活动的商业化。但这个决议又授予专业银行上级机构可从其分支机构中抽取由其积累的资金权，这使专业银行不可能完成所赋予的任务。1988年5月26日苏联通过的《苏联合作法》第899号法律成了苏联国内发展刚出现的市场关系即经济改革的促进因素，法律给予合作社在组织生产，支付劳动，销售商品和分配利润方面有完全经营自主权，合作法还赋予联合体

---

[1] 陈正英等编著《世界金融机构概览》，中国金融出版社，1991，第176~180页。
[2] 朱显平：《俄罗斯银行体制和信贷企业研究》，吉林人民出版社，2005，第26页。

或联合协会建立自己的银行的权力。① 1988年8月,第一批分别位于莫斯科、圣彼得堡和奇姆肯特(州首府)这三地的三家合作银行在国家银行理事会注册,里加、喀山等城市建立商业银行和合作银行的申请也被受理。② 到1988年底,在俄罗斯共注册了25家,到1989年底已达137家商业银行。1988年至1989年这两年期间在全国各地区自发地出现了300家合作制和其他商业银行,中央机关曾试图将这些银行列为"国家专业银行的子银行",但是,这些新成立的银行领导坚决反对。③

1989年3月31日,苏联政府做出决定,专业银行实行完全的经济核算。自此,专业银行的分支机构开始自负盈亏,同时有了管理自身业务、利用自有资产和获取利润的权力。从1989年4月1日到8月8日这4个月的时间,苏联的专业银行开设了144家新的分部,其中,苏联住宅公用事业及社会发展银行75家,苏联工业建设银行40家,苏联农工银行29家,有时新的分部与旧的分部就设在一座大楼里。④ 当时许多专业银行的分支机构宣布脱离同上级专业银行的从属关系,自行改组成商业银行。银行客户也纷纷将自己的账户从专业银行迁往商业银行。但是,由于苏联当时总体改革仍在计划经济体制框架内进行,而且改革较快转向政治体制改革,苏联建立的二级银行体制仍未健全。

---

① 〔俄〕尤里·戈洛文:《俄罗斯银行与银行业务:理论与实践问题》,林跃勤译,中国财政经济出版社,2002,第82页。
② 徐向梅:《俄罗斯银行制度转轨研究》,中国金融出版社,2005,第101页。
③ 〔俄〕尤里·戈洛文:《俄罗斯银行与银行业务:理论与实践问题》,林跃勤译,中国财政经济出版社,2002,第82页。
④ 徐向梅:《俄罗斯银行制度转轨研究》,中国金融出版社,2005,第102页。

三 1990年银行体制改革

1990年开始,苏共的各派力量围绕市场经济的问题,如何向市场经济过渡的问题展开了激烈的争论。1990年5月,苏联部长会议主席尼·伊·雷日科夫提出了《关于国家经济状况和向可调节市场经济过渡的构想》,经济学家沙塔林提出了《向市场经济过渡——构想和纲领》("500天计划")的改革计划都未能通过。最终戈尔巴乔夫提出了折中的《稳定国民经济和向市场经济过渡的基本方针》("总统纲领"),"总统纲领"包括控制的放开物价,逐步实行经济的非垄断化等内容。银行体制改革在1990年后也有所推进。

1990年通过的《苏联国家银行法》《俄罗斯苏维埃社会主义联邦共和国中央银行法》(简称《俄罗斯中央银行法》)和《苏联银行与银行业务法》进一步推动了苏联二级银行体制的建设。

《苏联国家银行法》明确了苏联国家银行是独立的法人机构,苏维埃共和国联盟不对苏联国家银行的债务负责,联盟的共和国自己承担此种责任的情况除外。苏联国家银行不对联盟的债务负责,银行自己承担此种债务的情况除外。[1] 还规定了国家银行的法定资本为15亿美元。明确其职能包括①发行货币和组织货币流通;②作为商业银行的最终贷款人;③组织银行间清算;④管理苏联和共和国的国债;⑤在《苏联国家银行法》规定范围内,

---

[1] 中国国际金融研究所课题组编著《苏联金融七十年》,中国书籍出版社,1997,第256、257页。

办理有价证券市场业务、代理联盟和共和国财政金库、在自由市场买卖外汇；⑥向商业银行发放办理银行业务许可证和外汇许可证；⑦对商业银行的业务实施监督。①

《苏联国家银行法》还明确规定"苏联国家银行和共和国中央银行以自己的业务活动为商业银行发挥职能创造统一条件，促进银行间公平竞争原则的贯彻。苏联国家银行和共和国中央银行不干涉商业银行的日常业务。苏联国家银行和共和国中央银行的调节与监督职能限制在本法规限定范围内，其目的是保障货币信贷体系的稳定，保护银行债权人和存款人的利益"。②

这些法律确认了银行是独立的法人机构，经济上是独立的实体。从此，苏联国家银行、各共和国的中央银行摆脱了对苏联部长会议、各共和国部长会议的从属关系，成为直属于最高苏维埃，独立于国家各级行政机关的机构。第一次以法律形式规定了各银行的风险资产比例、清偿能力指标、法定储备标准等。同时将苏联工业建设银行、农工银行、住宅公用事业及社会发展银行改造成股份制银行。③

苏联国家银行为商业银行规定的经济指标包括：①法定资本的最低限额；②银行自有资金与资产的比例限度；③银行负债表的流动性指标；④存放苏联国家银行和共和国中央银行的法定准备金率；⑤对一个借贷人的最大风险额；⑥外汇、利率和汇率的

---

① 中国国际金融研究所课题组编著《苏联金融七十年》，中国书籍出版社，1997，第256、258页。
② 中国国际金融研究所课题组编著《苏联金融七十年》，中国书籍出版社，1997，第264页。
③ 范敬春：《迈向自由化道路的俄罗斯金融改革》，经济科学出版社，2004，第24页。

最大风险限度。[1]

《苏联银行与银行业务法》规定了苏联的商业银行体系主要由股份银行、外贸银行与合资银行组成,旧的国家专业银行将不复存在。根据当时的立法,商业银行体系具有以下一些特点。

①新型的商业银行。商业银行按法定资本所属和构成分为股份银行、外国资本参股银行和外资银行等;按业务种类可分为综合银行和专业银行;按业务的地域分布可分为全盟银行、共和国银行及地区银行。

②商业银行具有独立地位。当时的立法规定商业银行做出有关日常银行业务的决定不受国家政权执行机构和管理结构的制约。由于中央银行独立于政府部门,而商业银行又主要受中央银行的监督管理,从而使整个金融体系能保持相对独立的地位。

③商业银行间开展自由竞争。根据当时的立法,商业银行除"不得办理物资生产和物资交易领域的业务以及各种保险业务"外,可以办理各种银行业务,而且客户可以自由选择银行,因此商业银行在办理银行业务方面将享有很大的自主权。[2]

1991年,原苏联最大的3家专业银行——国家工业建筑银行、国家农工银行和国家住宅公用事业及社会发展银行改变为自筹资金的股份制企业,这些银行的核心办事处和各地区的分支机

---

[1] 中国国际金融研究所课题组编著《苏联金融七十年》,中国书籍出版社,1997,第265页。
[2] 唐文琳主编《金融体制国际比较》,广西民族出版社,2001,第171页。

构重新进行了注册。国家储蓄银行被批准改为商业银行，专门负责居民储蓄业务。1991年，新注册的信贷企业有238家。[①] 至1991年底苏联解体时一个以中央银行为主导、以所有制结构多样的商业银行体系为链条的二级银行体制已经初步形成。[②]

20世纪90年代，苏联各加盟共和国独立倾向加剧。银行系统的集中管理体制不符合日趋独立的各加盟共和国的利益，各加盟共和国开始对各自境内的苏联国家专业银行实行独立管理。1990年7月，俄罗斯最高苏维埃通过了关于俄罗斯联邦国家银行和共和国境内的银行的决定，将俄罗斯境内除苏联国家银行和专业银行的中央管理机构外的原苏联的所有银行及其各部门收归已有。随后，各加盟共和国的苏联工业建设银行、农工银行、住宅公用事业及社会发展银行的中央管理机构均被撤销，银行的各分支机构变成了独立的商业银行。[③] 苏联最大的加盟共和国俄罗斯，1990年银行体系已经初步形成了两个层面，上一层是俄罗斯中央银行和中央银行直属的各地区分支行，以及俄罗斯的自治共和国的国家银行。下一层是商业银行及其分行、各种其他信贷机构、外国银行的事务所和代表处。在俄罗斯及其加盟共和国独立化的影响下，专业银行分裂，分行独立经营，并向股份制转化。1990年，由专业银行各地分行改组成的银行，以及各部门、各地区以股份制或合作制的形式建立起来的信贷企业注册了959家（其中近800家是在原专业银行分行的基础上改建成立的）。苏联解体

---

① 朱显平：《俄罗斯银行体制和信贷企业研究》，吉林人民出版社，2005，第29页。
② 徐向梅：《俄罗斯银行制度转轨研究》，中国金融出版社，2005，第106页。
③ 朱显平：《俄罗斯银行体制和信贷企业研究》，吉林人民出版社，2005，第28页。

后，俄罗斯继承了苏联大部分的金融资产，俄罗斯联邦中央银行也继承了原苏联国家银行的全部权益。俄罗斯银行体制在"大爆炸式"改革下开始了新的变革。

第二节 中国银行体制变革

一 改革开放时代与银行体制变革的探索

1978年12月召开的党的十一届三中全会重新确立了"实事求是"的思想路线，做出了把工作重点转移到经济建设的部署，开启了改革开放的新时期。1979年《人民日报》发表社论《全党要十分重视提高银行的作用》，提出"不少领导同志不懂银行工作的重要性，把银行看作是一个办理收收付付的'大钱库'，需要钱的时候才想到银行，有的甚至把财政资金和信贷资金混同起来，靠行政手段办事，做了许多违反经济规律的事"。1979年4月，国务院在《批转中国人民银行全国分行行长会议纪要的通知》中指出："银行是一门学问，责任重大，全党必须十分重视提高银行的作用，要学会运用银行的经济手段，促进国民经济的高速度发展。"同年10月4日，邓小平同志在各省份党委第一书记座谈会上谈经济工作时，对银行的改革做了重要指示。他说："银行应该抓经济，现在只是算账、当会计，没有真正起到银行的作用。银行要成为发展经济、革新技术的杠杆，要把银行真正办成银行……对投资少、见效快的企业，要采取不用财政拨款而用银行贷款的办法。凡是下面稍微支持一下就能见效的事情，我们的银行就应该放款，这样就活起来了。"①

伴随着改革开放地向前推进，银行改革也开始启动。从1979年开始，国家先后恢复建立了中国农业银行（以下简称农业银行）、中国银行和中国人民建设银行（以下简称建设银行），开始打破单一的"大一统"的银行体制。在银行、中国银行和建设银行建立之初还带有较强的专业银行性质。中国人民银行仍然身兼中央银行职能和经办商业性储蓄与信贷业务的双重职能。随着改革开放的深入，多种所有制企业对信贷的需求逐渐增大。中国人民银行承担中央银行与商业银行双重职能的体制，越来越不能适应经济的发展。1983年9月，国务院决定中国人民银行专门行使中央银行职能，同时建立中国工商银行（以下简称工商银行），专门办理原来由中国人民银行承担的工商信贷和城镇储蓄业务。工商银行的成立，标志着我国由工商银行、农业银行、中国银行、建设银行四大银行组成的国家专业银行体系的建成，也标志着中国金融业在组织体系上实现了中央银行体系和专业银行体系的分设，实现了第一次政企分离。

党的十二届三中全会提出的《中共中央关于经济体制改革的决定》，提出了"建立有计划的商品经济"。强调"在改革价格体系的同时，还要进一步完善税收制度，改革财政体制和金融体制"②。1987年召开的中共十三大提出了"政府引导市场、市场

---

① 尚明、陈立、王成铭主编《中华人民共和国金融大事记》，中国金融出版社，1993，第311页。
② 中共中央文献研究室：《中共中央关于经济体制改革的决定》，《十二大以来重要文献选编（中）》，中央文献出版社，第35页。

引导企业"。1987年中国人民银行明确提出建立新型金融体制改革的四大目标：①建立以间接调控为主要特征的宏观调控有力、灵活自如、分层次的金融控制和调节体系；②建立以银行信用为主体，多种渠道、多种方式、多种信用工具筹集和融通资金的信用体系；③建立以中央银行为领导，各类银行为主体、多种金融机构并存和分工协作的社会主义金融体系；④建立金融机构现代化管理体系。[1] 1986年以后，股份制商业银行、城市商业银行及其他金融机构也相继成立，一个以中央银行为领导，以国家专业银行为主体，多种金融机构并存的新型金融组织体系逐步建立。

二 中国人民银行职能演变

计划经济时期中国人民银行作为唯一的银行，肩负双重任务，既执行着国家中央银行的职能，又发挥着银行的商业性作用。但是，中国人民银行既不是独立的中央银行，也不是独立的商业银行，其货币发行、货币政策、资金配置等都完全根据国家计划来进行，实际上，中国人民银行是在财政部控制下的执行政府计划指令的代理机构。从某种意义上来说，银行体系只是起到"司库"或"出纳员"的作用，因此，银行难以执行独立的商业银行职能。[2]

改革开放以后中国人民银行的职能也发生了改变。中国人民银行与财政部的分离标志着中国进入了经济转轨时期，计划体制

---

[1] 杨希天编著《中国金融通史（第六卷）》，中国金融出版社，2002，第211页。
[2] 李志辉：《中国银行业的发展与变迁》，格致出版社，2008，第30页。

下中国银行部门地位开始发生改变。随着改革的推进,市场机制的作用日渐突出,货币功能开始恢复,金融的重要性日见明显。[1]

1981年1月,姚依林副总理在中国人民银行全国会议上提出:"人民银行总行要发挥中央银行的作用,各省银行分行,也要在总行领导下发挥这个作用。"国务院经济学家薛暮桥应邀到会讲话,他也提出:"有必要改革和充实现在的银行管理体系。……中国人民银行应当成为国家的中央银行,是全国金融业务的中心,担负起中央银行的作用。"[2] 1982年7月,国务院批转中国人民银行《关于中国人民银行职能及其与专业银行的关系问题的请示》,授权其中央银行的职能,加强金融管理,同时规定中国农业银行、中国银行和中国人民建设银行为总局级经济单位,各专业银行总行业务上受中国人民银行总行领导。同月,国务院副总理姚依林、田纪云在提交中央财经领导小组《关于设置中央银行的几点意见》中提出:"建立一个有权威的中央银行,以加强信贷资金的集中管理,确保财政信贷的综合平衡,已成为当务之急",对中央银行职能和设置、中央银行与专业银行关系以及中央银行的筹建和名称等问题提出了原则性的意见。但是,由于多方面的原因,中国人民银行实际上仍未能真正发挥中央银行的作用。[3]

1983年9月17日,国务院发出《关于中国人民银行专门行使中央银行职能的决定》,提出"经济发展了,社会资金多了,

---

[1] 李志辉:《中国银行业的发展与变迁》,格致出版社,2008,第39页。
[2] 杨希天编著《中国金融通史(第六卷)》,中国金融出版社,2002,第216页。
[3] 宋士云:《中国银行业市场化改革的历史考察》,人民出版社,2008,第23页。

银行的作用日益重要。为了充分发挥银行的经济杠杆作用，集中社会资金，支持经济建设，改变目前资金管理多头、使用分散的状况，必须强化中央银行的职能。为此，国务院决定，中国人民银行专门行使中央银行职能，不再兼办工商信贷和储蓄业务，以加强信贷资金的集中管理和综合平衡，更好地为宏观经济决策服务。"具体包括以下内容①。

第一，中国人民银行（以下简称人民银行）是国务院领导和管理全国金融事业的国家机关，不对企业和个人办理信贷业务，集中力量研究和做好全国金融的宏观决策，加强信贷资金管理，保持货币稳定。其主要职责是研究和拟订金融工作的方针、政策、法令、基本制度，经批准后组织执行；掌管货币发行，调节市场货币流通；统一管理人民币存贷利率和汇价；编制国家信贷计划，集中管理信贷资金；管理国家外汇、金银和国家外汇储备、黄金储备；代理国家财政金库；审批金融机构的设置或撤并；协调和稽核各金融机构的业务工作；管理金融市场；代表我国政府从事有关的国际金融活动。

第二，人民银行成立有权威的理事会，作为决策机构。理事会由下列人员组成：人民银行行长、副行长和少数顾问、专家，财政部一位副部长，国家计委和国家经委各一位副主任，专业银行行长，保险公司总经理。理事长由人民银行行长担任，副理事长从理事中选任；理事会设秘书长，由理事兼任。理事会在意见不能取得一致时，理事长有权裁决，重大问题请示国务院决定。

---

① 法学教材编辑部《经济法资料选编》编选组《经济法资料选编（下册）》，群众出版社，1986，第64~67页。

人民银行的分支机构原则上按经济区划设置。其主要任务是，在人民银行总行的领导下，根据国家规定的金融方针政策和国家信贷计划，在本辖区调节信贷资金和货币流通，协调、指导、监督、检查专业银行和其他金融机构的业务活动，承办上级人民银行交办的其他事项。为了加强人民银行全面管理金融事业的力量，须从各专业银行、保险公司抽调一部分业务骨干。人民银行对其分支机构，在银行业务和干部管理上实行垂直领导、统一管理。地方各级政府要保证和监督人民银行贯彻执行国家的方针、政策，但不得干预银行的正常业务活动。国家外汇管理局及其分局，在人民银行的领导下，统一管理国家外汇。中国银行统一经营国家外汇的职责不变。成立中国工商银行，承担原来由人民银行办理的工商信贷和储蓄业务。

第三，人民银行对专业银行和其他金融机构（包括保险公司），主要采取经济办法进行管理。各专业银行和其他金融机构，对人民银行或人民银行理事会做出的决定必须执行，否则人民银行有权给予行政或经济的制裁。国际信托投资公司的业务活动，也要接受人民银行的管理和监督。建设银行在财政业务方面仍受财政部领导，有关信贷方针、政策、计划，要服从人民银行或人民银行理事会的决定。要尽快制订银行法，建立健全各项规章制度，以便依法管理。工商银行、农业银行、中国银行、建设银行、中国人民保险公司，作为国务院直属局级的经济实体，在国家规定的业务范围内，依照国家法律、法令、政策、计划，独立行使职权，充分发挥各自的作用。在基建、物资、劳动工资，财务、人事、外事、科技、文电等方面，在有关部门单独立户。专业银行和保险公司分支机构受专业银行总行、保险公司总公司垂直领导，但在业务上要接受人民银行分支机构的协调、指导、监督和检查。今后建设银行集中精力办理基本建设和结合基本建设进行的大型技术改造的拨款和贷款，原人民银行办理的基本建设贷款交由建设银行办理，建设银行办理的一般技术改造贷款交由工商银行办理。其他专业银行的业务分工，人民银行理事会成立后再研究调整。

第四，为了加强信贷资金的集中管理，人民银行必须掌握40%至50%的信贷资金，用于调节平衡国家信贷收支。财政金库存款和机关、团体等财政性存款，划为人民银行的信贷资金。专业银行吸收的存款，也要按一定比例存入人民银行，归人民银行支配使用。各专业银行存入的比例，由人民银行定期核定。在执行中，根据放松或收缩银根的需要，人民银行有权随时调整比例。专业银行的自有资金由人民银行重新核定。

专业银行的信贷收支，必须全部纳入国家信贷计划，按照人民银行总行核定的信贷计划执行。专业银行计划内所需的资金，首选自有资金和吸收的存款（减去按规定存入人民银行的部分），不足部分，由人民银行分支机构按核定的计划贷给。在执行中超过计划的临时需要，可向所在地人民银行分支机构申请贷款，也可向其他专业银行拆借。国内各金融机构办理的外汇贷款和外汇投资，人民银行也要加以控制。专业银行和国际信托投资公司，必须编制年度外汇信贷计划和外汇投资计划，报经人民银行统一平衡和批准后执行。

第五，人民银行专门行使中央银行的职能，是银行体制的一项重要改革，涉及许多复杂问题，改革工作既要抓紧，又要做细做好，步子要稳妥。人民银行总行和工商银行总行要尽快分开。分行以下机构，要区别不同情况，分批进行。为了避免业务中断，影响社会经济活动，分行以下各级人民银行机构，在工商银行未分设前暂不变动，加挂工商银行牌子，各项业务工作分别接受人民银行和工商银行两个总行的领导。

1984年10月，中国人民银行与各专业银行总行联合召开全国信贷资金管理体制改革会议。改革的主要内容是：人民银行对各家专业银行的人民币信贷资金管理实行"统一计划、划分资金、实贷实存、相互融通"的原则。1986年，人民币信贷资金管理体制的改革进一步完善和深入。人民银行对专业银行的资金管理实行计划与资金分开管理的原则。人民银行核定各专业银行的年度信贷计划，只给专业银行组织运用信贷资金确定一个"笼子"和目标。专业银行实现贷款规模所需的资金，主要面向资金市场，通过吸收存款，发放金融债券，同业拆借等形式筹措。人民银行不再包专业银行的资金供应。[①] 中国人民银行与专业银行之间职能进一步明晰。

1985年，中国人民银行湖南省分行为专门行使中央银行职能，在建立健全组织机构、规章制度、搜集整理基础资料的基础上，以贯彻执行"统一计划、划分资金、实贷实存、相互融通"的信贷资金管理办法、控制信贷规模为中心，检查督促金融机构按规定及时缴足存款准备金，不断改进再贷款管理办法，逐步形

---

① 顾明主编《中国改革开放辉煌成就十四年（中国银行卷）》，中国经济出版社，1993，第11页。

成省、地（市）、县三级共管，分层次调控格局，使信贷资金的调控及时适应经济活动变化，在人总行下达的控制指标以内用好、用活再贷款，1985—1987年累计发放短期贷款460.61亿元，周转30次。按照国务院和人总行的部署，1985年牵头组织四次全省性的信贷大检查，查出违规贷款14.04亿元，收回7.77亿元，在此基础上，根据宏观调控的需要，开展多种形式的稽核，维护金融方针政策的严肃性和金融业务的健康发展。建立对金融机构的管理审批制度，3年中批准发放《经营金融业务许可证》8737份，新设立城信社31个、信托投资公司45个、邮政储蓄所215个、农金会12个、农村金融服务社4个，将竞争机制引入金融领域，促进金融业务的快速发展。3年间，全省各项存款增长73.70%，各项贷款增长97%。[①]

1985年，上海对原有信贷管理体制进行改革，实行以1983年存贷差额为基础，吸收存款留给地方，由市人民银行综合平衡、统一调度的资金管理新体制。人民银行在各专业银行编制年度信贷计划的基础上，结合本市经济和社会发展计划，加强与计划、经济、财政、物资等部门的联系和计划衔接，做好资金的综合平衡和灵活调剂。市人民银行针对一些企业单位纷纷用集资的办法扩大资金来源导致社会集资活动出现混乱的情况，先后拟订《企业申请发行股票（债券）或内部集资须知》《进一步贯彻关于发行股票暂行管理办法的意见》《乡镇企业筹集资金若干具体规定》，对审批权限、审批手续、审批程序、发行期限、股息红

[①] 王吉祥：《湖南省志·银行志（1978-2002）》，中国文史出版社，2009，第25、26页。

利、债息分配比例,以及集资章程、资金投向和可行性分析等要求,做了具体规定,使集资活动有章可循。

1986年,人民银行总行对上海采取"块块为主、资金包干"的信贷资金管理办法,在上海成立中国人民银行上海营业处,划分资金,实存实贷。各专业银行大力组织存款,严格按计划发放固定资产贷款,对流动资金贷款则采取市场拆借灵活调剂,开始打破人民银行对各专业银行信贷资金的供给制。市人民银行还制订《上海市银行同业拆借条例》,鼓励和推动专业银行开展同业拆借,发展横向资金融通,从而逐步在上海形成短期资金拆借市场。同时,市人民银行又先后制订《上海市人民银行关于再贴现业务试行办法》和《上海市人民银行关于再贴现率制订公布的暂行办法》,并于4月开始在全国率先开办再贴现业务。对专业银行按信贷政策以贴现所获得的未到期票据,经审核后可向人民银行进行票据再转让。由于再贴现的资金指标不计入专业银行信贷额度,使专业银行可以通过再贴现的渠道获取资金,调动了专业银行开办票据承兑业务的积极性。

1986年11月6日,人民银行上海市分行开设"上海外商投资企业外汇调剂中心",对上海"三资"企业办理外汇现汇的调剂,调动"三资"企业出口创汇的积极性,帮助外资企业搞好外汇平衡。到12月,该调剂中心又扩大范围,向全国的"三资"企业开放外汇调剂业务,初步形成外汇调剂市场。[①]

但是在计划经济体制和市场调节机制并存的条件下,中国人

[①] 洪葭管等《上海金融志》,上海社会科学院出版社,2003,第319页。

民银行专门行使中央银行职能仍处于过渡性初期阶段。信贷规模和现金发行额的控制仍然是中央银行的主要政策工具;各地方和部门受其自身经济的需要,对金融业有不同程度的干预,使宏观金融的调控力度难以到位;同时,中国人民银行还承担了部分专项贷款工作,分支机构还开办了一些融资性的经济实体。由于中国人民银行运行机制中还存在某些计划经济制度和经营部分政策性贷款等因素,从而使中国人民银行全面履行中央银行职能受到制约。[1]

三 专业银行的设立

(一) 中国农业银行的恢复设立

1978年7月,国务院召开全国农田基本建设会议,李先念同志在会议讲话中提出:"我们考虑恢复农业银行,以便更好地管理运用农业贷款,支援农业建设。"同年9月,中国人民银行行长李葆华向中央汇报工作时说:"把农业搞上去是全党的首要任务,银行要按照农、轻、重的顺序安排信贷资金,为加速发展农业服务。李先念副主席指示,要恢复农业银行,以加强对农业的支援,我们正在研究落实措施。"党的十一届三中全会认真讨论了农业问题,要求全党把农业尽快搞上去。全会通过的《关于加快农业发展若干问题的决定(草案)》明确规定:"恢复中国农业银行,大力发展农村信贷事业。"[2]

---

[1] 中国人民银行编著《中国人民银行六十年》,中国金融出版社,2008,第59页。
[2] 伍成基主编《中国农业银行史》,经济科学出版社,2000,第119页。

1979年2月23日，国务院发出《关于恢复中国农业银行的通知》（简称《通知》）。《通知》对中国农业银行的性质、任务、业务范围、资金来源、机构设置、企业化经营和领导关系等问题做了明确规定。《通知》强调农业银行主要任务是"统一管理支农资金，集中办理农村信贷，领导农村信用合作社，发展农村金融事业"。主要业务包括[①]以下几点。

①财政部门的农业拨款、商业部门的预购定金和金融部门发放的各项贷款，以及主管业务部门自筹的支农资金等，由农业银行和信用社逐笔审查，核实拨付，计划发放，监督使用。农林水利基本建设拨款，仍由建设银行监督拨付。

②农村人民公社、生产大队、生产队、社队企业、国营农企事业、农工商联合企业以及供销社等单位的存款和贷款，由农业银行和信用社办理。其他各部门、各单位主办的专项储蓄和各项贷款，要进行清理，今后不再办理。商业、供销、外贸等部门用自筹的支农资金发放的贷款，今后改为预购定金。

③农村人民公社基本核算单位、社队企业和社员个人的存款、贷款，由信用社统一办理。国家设在农村的机关、团体、学校、企事业单位的存款、贷款，以及城乡结算、现金管理等，由农业银行办理。

④农业银行主管农村人民公社基本核算单位的会计辅导，协助社队管理资金。

中国农业银行自上而下建立各级机构，中央一级设总行，下

---

① 伍成基主编《中国农业银行史》，经济科学出版社，2000，第126页。

设若干司局。省、自治区、直辖市设分行，作为厅局一级机构，下设若干处室，地区设中心支行，县设支行，农村营业所、信用社一律划归农业银行领导。没有建立银行营业所的公社，由信用社执行营业所的任务。[①]

经国务院批准，1983年全国农业银行系统全面推行利润留成办法，并逐年予以完善。其特点是：财权逐渐下放到基层，改费用指标管理为与收入挂钩的费用率管理，各独立核算机构自计盈亏，利润分配实行全额利润留成办法，并在此基础上，对一些行实行超计划利润分成办法。1983年全行实现利润14.46亿元，比1982年增长15.31%；1984年实现利润18.80亿元，比1982年增长49.92%；1985年实现利润28.84亿元，比1982年增长130%；三年平均每年增长65.07%。与此同时，农业银行留成资金也逐年有所增加，1983年3.27亿元，1984年4.25亿元，1985年达6.06亿元。但是，由于留成比例的核定单纯与人头挂钩，挫伤了人员少、利润大、效益高的行、处业务经营的积极性，同时也不利于人员多、利润少、效益差的行、处加强经济核算，改善经营管理，提高经济效益。1987年6月《中国农业银行财务管理制度》正式颁发，规定农业银行的财务管理，实行统一领导，分级管理，独立核算，自计盈亏，损益集中，利润分成的管理体制。还规定：各省、自治区、直辖市分行，各计划单列市行和地（市）支行，县（市）支行、县级行的办事处为基本核算单位。具备条件的基层营业所要实行独立核算，不具备条件的基层营业

---

① 伍成基主编《中国农业银行史》，经济科学出版社，2000，第126页。

所也要讲究经济核算,并积极创造条件,逐步实行独立核算。还规定,农业银行的成本,按管理部门和业务部门分别进行管理。同时还明确了财务管理的基本任务。

新的财务管理制度的贯彻执行,基本上适应了金融体制改革的深化,调动了广大职工的积极性,加强经济核算,管家理财,不仅使社会效益不断提高,而且农行本身的经济效益也连年增长,到1987年实现利润46.8亿元,比1982年增加32.34亿元,增长224%。[1]

(二) 中国银行体制的改革

1979年3月13日,国务院同意并批转中国人民银行《关于改革中国银行体制的请示报告》,提出:随着中国对外贸易和国际交往的不断发展,银行的国际结算业务日益繁重,为了更好地发挥中国银行在新时期的职能作用,有必要适当扩大中国银行的权限,并在体制上进行改革。

根据这一精神,中国银行从中国人民银行中分设出来。不过,在一段时间里,中国银行还同时行使国家外汇管理总局职能,直属国务院领导,并由中国人民银行代管。中国银行总管理处改为中国银行总行,负责统一经营和集中管理全国外汇业务。在这一段时间里,中国银行与国家外汇管理总局同为一个机构,对外挂两个不同的牌子,兼具行政管理部门(外汇管理)和企业(相关的国际银行业务)的双重身份。

1982年8月,根据全国人大常委会的决议和国务院的决定,

---

[1] 伍成基主编《中国农业银行史》,经济科学出版社,2000,第185页。

国家外汇管理总局改为国家外汇管理局，划归中国人民银行直接领导，中国银行则仍为国务院直属机构，由中国人民银行代管。对此，国务院于同年 8 月 31 日发出《关于中国银行地位的通知》，指出，中国银行是中华人民共和国的国家外汇专业银行，其任务是组织、运用、积累和管理外汇资金，经营一切外汇业务，从事国际金融活动，为社会主义现代化建设服务。中国银行除经营本身业务以外，还可以根据国家的授权委托，代表国家办理信贷业务。至此，作为中国历史最为悠久的银行，中国银行的银行身份得到了全面恢复。[1]

1983 年 12 月，中国人民银行和中国银行联合发出通知，要求尚未从当地中国人民银行分设出来的中国银行分支机构尽快独立分设，其隶属关系是接受中国银行的垂直领导和当地中国人民银行分支机构的指导。根据上述指示，当年，中国银行昆明分行从人民银行云南省分行分设出来，独立行使职权。原设在昆明分行的国家外汇管理业务，即从中国银行划出，专门成立国家外汇管理云南分局，与人民银行云南省分行合署办公。[2]

由于中国银行机构少，不办理人民币储蓄业务，中国银行的基本客户——外贸企业的自有资金比例低，企业存款来源少，信贷资金的来源，很大部分取决于向中央银行的借款。信贷资金管理体制的改革，使中国银行出现了人民币资金紧张的局面，一方

---

[1] 李扬、王国刚主编《中国金融改革开放 30 年研究》，经济管理出版社，2008，第 122、123 页。
[2] 中国人民银行云南省分行编《开拓前进的云南金融事业》，中国金融出版社，1995，第 7 页。

面是出口增长,要求中国银行增加资金投放;另一方面是中国银行人民币资金来源严重不足。针对这科情况,中国银行积极想办法,采取措施扩大人民币资金来源。1986年4月17日,中国银行总行向全系统发出关于开展人民币储蓄业务的通知,随后中国银行总、分行陆续开办了人民币储蓄业务。1986年6月1日,中国银行在国内金融界率先推出人民币长城信用卡业务。1987年5月5日,中国银行在国内金融系统首次发行人民币金融债券筹集资金。

1987年中国银行系统把扩大人民币资金来源做为首要的任务来抓,并采取了切实可行的措施,主要包括:①加快机构网点建设,大力开展人民币储蓄业务,增加吸存能力,同时注重开展优质文明服务;②积极进入资金市场,开展资金的横向拆借以融通资金;③协助外贸清仓利库,努力挖掘资金潜力;④推行定期结汇,出口押汇和远期贴现业务;⑤大力开展信用卡业务;⑥积极发行金融债券,推出大额定期存单等新业务品种;⑦开展外汇抵押贷款和贴现、再贴现业务,等等。由于采取上述一系列措施,使中国银行人民币资金自给率有所提高,在一定程度上缓解了人民币资金紧张的局面,较好地配合外贸超额完成了国家进出口计划。

从1988年开始,外贸体制进行了以地方、专业公司承包为主要特征的体制改革。中国银行作为外汇外贸专业银行,积极支持和配合外贸体制改革。中国银行的外贸贷款从支持流通为主,转向生产流通并重;从支持外贸系统为主,转为面向外贸、工贸、地贸、技贸、军贸等各个系统,原则上谁出口创汇就支持谁。在外贸体改过程中,中国银行始终努力筹措资金,不断根据外贸的变化调整信贷结构,保证外贸年年超额完成国家进出口计划的资金需求，支持外贸事业的发展。①

（三）中国建设银行的改革

1979年3月，中央决定用三年时间，对已经严重失调的国民经济重大比例关系进行调整，而首当其冲的是调整基本建设规模和投资方向。为贯彻中央决定，建设银行总结了大量基本建设投资管理中正反两方面的经验教训。为了有效地控制固定资产投资规模，当时迫切需要解决的问题，一是要改变基本建设中长期存在的长（战线长）、散（资金分散）、乱（管理混乱）、费（损失浪费）、差（投资效果差）；二是要解决建设资金的不足；三是在基本建设领域实行"拨改贷"。这三个问题都要求提升和强化建设银行的国家专业银行地位，一方面要求建设银行继续行使财政职能，加强监管；另一方面要求建设银行强化银行职能，掌握和利用信贷杠杆，发挥调节和筹集资金的银行功能。② 1979年8月28日，国务院批转国家计委、国家建委、财政部《关于基本建设投资试行贷款办法报告》（简称《报告》），《报告》提出"拨改贷"全部交由建设银行经办，并为了适应工作需要，"中国人民建设银行改为国务院直属单位，由国家建委、财政部代管，以财政部为主。省、自治区、直辖市分行为厅（局）一级单位，由总行和省、自治区、直辖市人民政府双重领导，以总行为主"。③

---

① 顾明主编《中国改革开放辉煌成就十四年（中国银行卷）》，中国经济出版社，1993，第11页。
② 中国建设银行史编写组编《中国建设银行史》，中国财政经济出版社，2010，第125页。
③ 中国建设银行史编写组编《中国建设银行史》，中国财政经济出版社，2010，第125页。

建设银行改为国务院直辖单位后,为了更好地发挥建设银行的作用,财政部和建设银行联合发出《关于财政部委托建设银行办理基建预算、决算、财务制度等工作的通知》,规定有关基本建设、建筑安装、地质勘探单位的拨款支出预算、年度财务收支计划和决算,以及财务制度等工作,由财政部委托建设银行管理。[①] 1984年9月,国务院规定,所有由国家投资的项目,全部都实行贷款。此时建设银行才真正从财政部的拨款机构转变为金融组织。

(四) 中国工商银行的设立

随着改革的深入,人民银行开始分离中央银行和商业银行职能。1983年9月,人民银行专门行使中央银行职能,其工商业务部门转移给中国工商银行(以下简称工商银行)。1984年1月,工商银行正式成立,标志着我国开始有了真正意义上的中央银行体制,金融业在组织体系上实现了政企分离。[②]

根据人民银行的授权,工商银行承担了国营工商企业流动资金的管理职能,于1984年3月21日制订下发了《中国工商银行关于国营工商企业流动资金管理暂行办法》,明确规定工商银行管理国营工商企业流动资金的职责是①制定管理国营工商企业流动资金的规章制度;②管理和调剂企业的国拨流动资金,监督企业按规定补充自有流动资金,检查企业流动资金是

---

① 中国建设银行史编写组编《中国建设银行史》,中国财政经济出版社,2010,第126页。
② 《中国工商银行史》编辑委员会编著《中国工商银行史(1984-1993年)》,中国金融出版社,2008,第1页。

否完整无缺；③核定企业的流动资金计划占用额、审核企业、企业主管部门的流动资金计划和决算，会同企业主管部门落实流动资金周转指标；④监督和检查企业流动资金使用情况，考核资金使用效益。①

1985年1月，工商银行系统开始执行"统一计划，分级管理，实存实贷，差额控制"的信贷资金管理体系。同年4月又建立了自己的联行系统，实行上贷下存，实贷实存办法。改变了过去把计划指标层层下达的做法。同时实行差别利率，鼓励资金的纵向、横向调剂，从而为自主经营、独立核算创造了条件。

1985年7月，工商银行佛山分行在市区首创金融服务部，对城镇居民办理存、贷款业务。佛山工商银行从人民银行分设出来单独设立后，至1985年底止对市区各工商企业单位发放贷款的余额达115788.9万元，比1979年底增加97252.3万元，增长了5.2倍。其中工业贷款增加51475.1万元，增长5.7倍；商业贷款增加17079.5万元，增长2.8倍。②

到1986年上半年，工商银行完成了所辖（西藏除外）各省份和地、市、县分支行的机构分设工作。至此，工商银行开始在全国范围内行使国务院所赋予的各项职能，并在日趋深化的经济体制改革中不断做出自己的贡献。③ 1987年中国工商银行还

---

① 《中国工商银行史》编辑委员会编著《中国工商银行史（附录卷）》，中国金融出版社，2008，第36页。
② 佛山市金融志编纂委员会《佛山市金融志》，1989，第83页。
③ 黄玉峻主编《中国工商银行——共和国的金融业巨子》，经济管理出版社，1992，第7页。

以城市行为基本经营核算单位下放了"业务经营权""信贷资金调配权""利率浮动权""干部任免和奖惩权""劳动组织和工资奖金形式和决定权""利润留成支配权"等权限[1]。工商银行还在这一时期实行权责相结合的行长目标经营责任制、实行储蓄承包制等方面的改革。

1989年12月，经人民银行批准，《中国工商银行章程》正式颁布。章程对工商银行的职能和业务范围进行了明确规定。可归纳为四个领域、四种对象、四类贷款，即涉及工业生产、商品流通、企业技术改造、居民储蓄四个业务领域；面向国营企业、集体企业、非公有制企业和居民个人四种服务对象；办理流动资金、技术改造、科技开发和非公有制经营四类贷款。其中，人民币业务主要有9项：①办理城镇居民储蓄、工商企业存款和机关、团体、学校等单位的存款；②办理国有企业、城镇集体企业和非公有制企业流动资金贷款；③办理技术改造贷款；④办理科技开发贷款；⑤办理商业企业网点建设贷款；⑥开展投资业务；⑦开展委托、代理、租赁、咨询等中间业务；⑧办理转账、现金结算和信用卡业务；⑨开展经济调查和经济信息工作以及人民银行委托的其他业务。外汇业务主要有12项：①外汇存款；②外汇贷款；③外汇汇款；④进出口贸易结算和非贸易结算；⑤外币及外币票据兑换；⑥外汇担保鉴证业务；⑦境外外汇借款；⑧外币票据贴现；⑨发行和代理发行外币有价证券；⑩代理客户办理即期和远期外汇买卖；⑪征信调查和咨询服务；⑫办理国际金融

---

[1] 《中国工商银行史》编辑委员会编著《中国工商银行史（1984-1993年）》，中国金融出版社，2008，第58、59页。

组织和外国政府贷款的转贷业务。[①]

经过改革，中国工商银行整体的经营活力和竞争实力得到提高。到 1992 年年底，工商银行的存款已达到 7 962 亿元，比 1984 年年末增加了 6300 多亿元；贷款 9337 亿元，比 1984 年年末增加了近 7 000 亿元；机构 31 495 个，人员 52 万多人；利润 161 亿元，比 1984 年增加了 90 亿元。[②]

1979 年以前，银行贷款仅限于对工商企业、建筑施工企业开展临时性、季节性的超定额流动资金贷款，企业更新设备和技术改造所需资金均由财政部门无偿拨款解决。随着银行信用在筹集和分配资金方面的主渠道作用日益扩大，国务院决定从 1981 年起，凡是实行独立核算、有还款能力的企业单位，进行基本建设所需投资。除尽量利用企业自有资金外，一律改由银行贷款，即"拨改贷"，银行贷款扩展到固定资产投资领域。银行在资金配置中的作用日益凸现。从 1983 年 6 月起，国营企业的流动资金由原来的财政、银行两个部门共同管理，改为由银行统一管理。在扩展人民币业务的同时，专业银行还不断改进和扩大外汇贷款的种类与范围。

四大银行的恢复并不是按照商业银行思路进行的，而是按照计划经济行业管理思想进行的。四大专业银行分别在工商企业流动资金、农村、外汇和基本建设四大领域占垄断地位，并且业务

---

① 《中国工商银行史》编辑委员会编著《中国工商银行史（1984—1993 年）》，中国金融出版社，2008，第 17 页。
② 《中国工商银行史》编辑委员会编著《中国工商银行史（1984—1993 年）》，中国金融出版社，2008，第 61 页。

严格划分。在这一段时期不存在商业银行的理念和经营思想，只是进一步用好用活国家资金，以便更好地发展国民经济。专业银行分设后，开始除交叉办理储蓄业务外，主要办理国务院的各自的专业业务，不能交叉。以后随着国民经济的发展和经济管理体制的改革深入，提出了"一业为主、适当交叉"的方针。[①]

20 世纪 80 年代各专业银行开始强调"一业为主，多种经营，合理分工，适当交叉"的经营体制，各专业银行之间的竞争逐步展开。以建设银行为例，1988 年总行提出"一手抓企业存款，一手抓居民储蓄"方针。建设银行新增了 18 种企业存款，包括开发承包企业存款、工商企业存款等，1993 年底，全系统企业存款余额达到 2172 亿元，比 1978 年增长 33 倍。建设银行还积极开办储蓄业务。1986 年 7 月提出了"积极开办住宅储蓄业务"等措施。在这一时期建设银行还发行了金融债券，推动了建设银行的发展。

四 股份制银行的兴起

（一）交通银行的建立

1986 年 7 月，国务院发布《关于重新组建交通银行的通知》，确定交通银行是以公有制为主的股份制全国综合银行。它的资本金为 20 亿元，由中国人民银行代表国务院投资 10 亿元，进行控股，其余由地方政府、部门、企业以及个人认购入股。交通银行是我国第一家股份制银行。在管理体制上，实行董事会领导下的总经理负责制。交通银行的各内地分支机构，除了人事任免、业务

---

① 刘明康：《中国银行业改革开放 30 年》，中国金融出版社，2009，第 9 页。

政策、综合计划、基本规章制度和涉外事务由总经理统一领导外,实行自主经营、独立核算、自负盈亏,既有相对独立的经营权,又各自承担相应的经济责任,打破了过去的"大锅饭"的状况。

在经济机构建设上,交通银行也打破了过去按照行政区划层层设置银行分支机构的老办法,为适应商品流通和横向经济联合和发展的需要,交通银行的分支机构按经济区域设在经济较为发达的大中城市,并把它的辐射面扩大到周围地区,跨越省市行政区划的范围。这样,有利于促进资金的横向合理流动和经济的横向联系与合作。

1987年2月,按照规定交通银行的业务主要包括:"①吸收各种人民币存款和个人储蓄,吸收外币存款和华侨存款;②办理人民币流动资金贷款、贴现和固定资产贷款,办理各种外币贷款、透支和贴现;③办理国内外结算和兑现;④发行人民币债券和外币债券以及其他有价证券;⑤办理国际和国内银行间的存款、贷款、拆款和贴现;⑥外汇(包括外币)的买卖和外币股票、证券的买卖;⑦在外国和港澳地区投资或合资经营银行、财务公司或其他企业;⑧组织和参加国际联合贷款和银团贷款;⑨承办国际国内各项信托、保险、投资、租赁、咨询、担保、保管、代理等业务;⑩设立金融性或非金融性的子公司;⑪经营房地产业务;⑫经理发行各类股票债券、办理有价证券的转让与买卖;⑬中国人民银行委托、交办和批准的其他业务;⑭经批准参加国际金融活动。"[①]

[①] 岳俊彦:《交通银行简介》,内部发行,第74页。

交通银行1989年年底全行人民币余额为164.3亿元，比1988年底增加67.2亿元。1989年年底全行发放人民币贷款为182.5亿元，比1988年年底增加84.6亿元。其中固定资产贷款余额为15.1亿元。1989年年底，除了原有香港分行之外，内地已经建立起了60个分支行，职工达到9728人。交通银行还有13个分支行开办保险业务，进出口结算业务也取得了较快的发展。[1]

（二）中信实业银行的成立

中信实业银行是中国国际信托投资公司（集团）（以下简称中信集团）全资附属的一家综合性的商业银行。中信集团于1986年9月开始组建中信实业银行。同年11月，向人民银行提出申请成立中信实业银行，经人民银行审查同意上报国务院。1987年2月，国务院批准同意成立中信实业银行。同年4月，中信实业银行正式对外营业。

中信实业银行作为综合性的商业银行，实行自主经营，自负盈亏，独立核算。中信实业银行按照国家的金融方针政策和有关法规制度，本着"信誉第一、顾客第一"的宗旨，以为实业服务为重点，运用灵活多样的方式，通过多种渠道，聚积和融通资金，经营外汇和人民币业务，为社会主义经济建设服务。在具体业务上，是以经营批发银行业务为主，兼营部门零售业务；以经营外汇业务为主，兼营人民币业务。重点是在为中信集团的融资、投资、贷款、租赁、贸易等业务服务的同时，积极为各部

---

[1] 交通银行总行编《交通银行史料（上）》（第3卷），中国金融出版社，2006，第431页。

门、各省、自治区、直辖市的大中型工业、商业、外贸、旅游等行业提供优质服务。[1]

中信实业银行形成了自己的特点。首先是充分发挥中信集团的综合优势，开展各项业务。中信集团是我国对外利用外资的重要窗口，中信实业银行利用这个有利条件，在国内外筹集资金，向合资企业吸收存款，发放贷款。同时，受中信集团的委托在海外筹措资金，发行金融债券。其次是开拓创新，大力发展国际金融业务。中信实业银行积极推出新的国际金融业务，为客户办理外汇和有价证券的即期、掉期等交易，提供信息咨询服务。再次是配合专业银行开办有关业务，拾遗补阙。中信实业银行在执行国家货币信贷方针政策的同时，发挥自身优势，配合专业银行重点扶持国有大中型企业技术改造，扩大出口创汇等。[2]

（三）招商银行的成立

1987年4月8日，作为我国第一家由企业创办的自主经营、独立核算、自负盈亏的银行——招商银行宣告正式成立。在国家垄断银行的制度背景下，企业办银行本身就是一种创新，正像时任国家外汇管理局局长的唐赓尧同志所说："招商银行是我国企业集团办银行的一个新尝试，这在新中国的金融史上还是第一家，中国人民银行希望招商银行在经营管理上要创新，走银行企业化的道路。"[3]

---

[1] 李守荣编著《中国金融体系概论》，经济管理出版社，1993，第204页。
[2] 李守荣编著《中国金融体系概论》，经济管理出版社，1993，第205、206页。
[3] 马蔚华编著《创新之魂：商业银行金融创新理论与招商银行实践》，华夏出版社，2007，第73页。

招商银行由招商局独家出资创办,在体制上是招商局集团全资附属的地区性商业银行。[①] 企业独资的银行有管理直接、决策迅速等优点,但在资本积累、市场开拓、业务发展等方面却存在较大的局限性。招商银行的高层管理人员意识到,建立吻合现代企业制度要求的产权制度是招商银行走出蛇口、走出深圳、走向全国、走向世界的基石。1987年11月16日召开的招商银行第二次董事会上,王世桢行长代表经营班子向董事会提出了向全国性商业银行发展的战略目标,提出了扩股增资的想法,将招商银行由企业独资兴办的银行改变成股份制的商业银行。经过董事会的充分酝酿,全体董事一致同意了这一设想,并对《招商银行章程》进行了修改。经过半年多的准备,1988年8月11日召开的招商银行第三次董事会通过了扩股增资的方案。1989年1月17日,中国人民银行下发了文件《关于同意招商银行增资扩股等问题的批复》批准招商银行进行首次股份制改造和扩股增资;核批了招商银行修改后的章程;确定了招商银行性质为区域性股份制商业银行。招商银行的股东由1家增加到7家,新吸纳了当时的中国远洋运输总公司、交通部广州海运局、广东省公路管理局、山东省交通厅物资工业公司、中国海洋石油南海东部公司等6家股东(其中,中国海洋石油东部公司是非交通系统企业),使招商局的股份由100%锐减为45%。招商银行行徽中的7条平行射线就代表这7家股东。[②]

---

① 马蔚华编著《创新之魂:商业银行金融创新理论与招商银行实践》,华夏出版社,2007,第74页。
② 马蔚华编著《创新之魂:商业银行金融创新理论与招商银行实践》,华夏出版社,2007,第75页。

1988年招商银行认真地分析了自身地处深圳蛇口,毗邻香港,主要股东在境外设有机构等优势,认为有条件逐步走业务外向型发展的道路[①]。招商银行也成为我国第一家开展离岸金融业务的银行。

(四) 深圳发展银行等区域性银行的成立

深圳发展银行是一家区域性股份制商业银行,是独立的经济实体,实行独立核算、自主经营、自负盈亏。在业务上,受中国人民银行的领导、管理、协调、监督和稽核。为了适应深圳经济特区改革开放和经济发展的需要,经中国人民银行批准,在吸收深圳经济特区内6家农村信用合作社资金的基础上,由深圳市投资管理公司、深圳市国际信托投资总公司等11个单位和中国公民入股组建成立深圳发展银行。该行于1987年6月开始试营业,同年12月正式开业。建立初期,该行的注册资本和实收资本金均为1000万元。之后,又三次扩股增资,到1989年,注册资本和实收资本全都达5亿元。该行以深圳市集体企业、股份制企业、民间科技、个体经济户以及租赁、承包的国有企业为主要服务对象;同时,也为其他各类企业提供金融服务[②]。1988年4月7日,其人民币普通股票在深圳证券公司首家挂牌公开上市。

这一时期还兴起了福建兴业银行,广东发展银行等区域性银行。我国在计划经济时期长期的单一的银行体制,使金融业长期被抑制。而随着改革开放后商品经济的发展,使市场产生对银行

---

① 马蔚华编著《创新之魂:商业银行金融创新理论与招商银行实践》,华夏出版社,2007,第80页。
② 李守荣编著《中国金融体系概论》,经济管理出版社,1993,第214页。

服务的巨大的需求，股份制银行的兴起，更多是与当时市场经济发展对银行的需求不断上升密切相关。我国政府为推动银行体制发展，给予银行成立相对的自由。股份制银行的兴起又带来了银行之间激烈的竞争，进一步倒逼着专业银行继续推进改革。20世纪80年代，伴随着经济体制的改革，"大一统"的银行体制被逐渐打破，银行业的市场化初步形成。

第三节　中苏银行体制初步变革的比较研究

随着中苏经济体制改革的推进，中国和苏联都改变了"大一统"的银行体制，逐步建立二级银行体制。中苏银行体制变革过程中的异同表现在以下几个方面。

（1）苏联国家银行和中国人民银行在这一时期都剥离了商业职能，强调中央银行的职能。计划经济时期，苏联国家银行是苏联的中央银行，它执行中央银行的职能，还执行商业银行短期贷款的职能。苏联经济改革之后，苏联银行专司中央银行的职能，重点负责苏联银行体系的管理，货币发行等职能。贷款的职能交给专业银行负责。中国在改革开放初期，将中央人民银行的信贷业务彻底分离。中国人民银行专门履行中央银行职能。这个变化顺应了中苏经济体制改革之后，商品经济日趋活跃，资金量不断增大的形势变化。通过改革苏联国家银行和中国人民银行可以集中力量研究全国金融的宏观决策，加强信贷资金管理，保持币值稳定。

（2）成立了专业银行，并向商业银行转变。苏联在银行改革过程中，成立了系列专业银行。包括工业建设银行、对外经济银行、农工银行、住宅公用事业及社会发展银行、劳动储蓄和居民信贷银行。中国则成立了中国农业银行、中国建设银行、中国银行和中国工商银行等专业银行。专业银行的分设，扩大了银行体系，逐步改变"大财政、小金融"的格局。中苏在经济改革过程中，专业银行强调经济核算和自筹资金，开始追求利润最大化，越来越强调银行的经济特征。另外商品经济的不断发展，市场对银行服务的需求逐渐增加。这些因素最终导致了政府主导的专业银行开始转向商业银行。1988年苏联正式废除国家专业银行体系，建立商业银行体系。原有大规模的商业银行成为苏联银行的重要基础。而中国在这一阶段，虽然没有正式宣布建立商业银行体系，但是专业银行之间强调"一业为主，多种经营，合理分工，适当交叉"，四大国有银行业务交叉已经较为普遍，专业银行开始具有商业银行的性质。中苏专业银行本身具有较大规模，具有较为庞大的银行经营网络，专业银行向商业银行的转变，大大推进了银行体制市场化的步伐。

（3）多种所有制银行在这一时期都得到了发展。原有专业银行虽然逐步走向商业化，但是仍然难以满足商品经济对银行服务的巨大要求。苏联在1988年金融体制改革的推进下，加快了建立商业银行的步伐。1991年中期，苏联已经有1000多家商业银行，这些商业银行大多是由企业和商业银行共同设立。[①] 中国在1986年成立了交通银行，而后若干区域银行纷纷成立，进一步扩大了

---

① 范敬春：《迈向自由化道路的俄罗斯金融改革》，经济科学出版社，2004，第25页。

银行体系的范围和作用。多种所有制银行的兴起，打破了原有专业银行的垄断，逐步形成了相互竞争的银行体系。但在多种所有制银行建立过程中，中国和苏联又有不同。中国更多是政府批准新成立银行；而苏联则是许多专业银行在地方的分支机构独立，银行机构更为分散苏联加盟共和国独立性日益加强更加剧了这一进程，所以这一时期苏联银行机构数量远大于中国。这也带来了苏联银行规模小，资金分散的格局。

（4）中苏银行在向市场化变革的进程中，也存在一些差异。中国银行体制改革一直是在政府主导的体制下推进的。无论是专业银行的设立还是股份制银行的兴起，都是在政府可控范围内渐进演变。经过20世纪80年代的改革，中国逐步建立起了在中国人民银行领导下的二级银行体制。苏联在1987~1990年进行的银行体制改革，也是希望能够在政府可控范围内进行渐进改革。但是苏联的银行改革与经济改革一样，受到政治体制改革的较大的干扰。尤其是1990年之后，随着苏联各加盟共和国力量的增大，苏联中央政府主导的渐进银行体制改革的进程受到冲击。以俄罗斯为代表的加盟共和国更倾向于激进的改革，主张金融自由化和银行私有化。再加上苏联经济连连下滑、国家财政和企业财务状况不断恶化，银行体制改革外部环境恶化。最终直到苏联解体，苏联也未能真正建立起符合市场发展的银行体制。

第五章
市场化加速推进下中俄银行体制转型

第一节 俄罗斯"休克疗法"下的
银行体制变革

1991年苏联解体,俄罗斯成为独立的联邦国家,叶利钦成为俄罗斯的总统。在他的主持下,俄罗斯开始推行"休克疗法",银行体制在这一时期发生了剧烈变化。

一 严峻的经济形势与"休克疗法"

1990年,苏联的社会总产值、国民收入和社会劳动生产率分别比上年下降2%、4%和3%。而到苏联解体的1991年经济状况进一步恶化,国民收入下降11%,GDP下降13%。

苏联解体之后,俄罗斯继承了苏联的主要遗产。俄罗斯领土面积为1707.54万平方公里,占地球陆地总面积的11.4%,是苏联总面积的76.3%。1989年1月俄罗斯人口为1.47亿,占苏联人口的一半。1990年俄罗斯的国民财富占全苏国民财富(不包括土地、森林和矿藏）总量的64%。1989年俄罗斯拥有的生产固定资金占全苏联的63%，社会生产总值与工业产值均占60%。俄罗斯的科技人员为96万人，占全苏联150万科技人员的64%，还拥有苏联2/3的军事力量。[①]

以新自由主义为核心的华盛顿共识成为俄罗斯经济转轨的指导思想，贯穿俄罗斯经济转轨的过程。由美国哈佛大学教授萨克斯提出的"休克疗法"的内容基本上是新自由主义和现代货币主义所主张的政策措施。萨克斯把"休克疗法"的基本内容概括为"三化"：自由化、私有化和稳定化。自由化指经济自由化，包括价格自由化、对外经贸自由化等；私有化指国有企业的私有化；稳定化指采取紧缩的财政和货币金融政策，实现财政和货币的稳定。[②]

"休克疗法"主要政策包括以下五个。（1）从1992年1月2日开始，一次性放开价格，95%的零售商品和85%的工业品批发价格由市场供求决定。（2）推行财政与货币双紧的政策。企图迅速达到无赤字预算、降低通货膨胀率和稳定经济的目的。紧缩财政的措施包括：普遍大大削减财政支持；提高税收、增加财政收入；规定靠预算拨款支付的工资不实行与通胀率挂钩的指数化。紧缩货币的主要措施是，严格控制货币发行量与信贷规模。（3）取消国家对外贸易的垄断，允许所有在俄境内注册的经济单位可以参加对外经济活动，放开进出口贸易。（4）卢布在俄罗斯国内实现自由兑换，汇率制度则从多种汇率过渡到双重汇率，再

[①] 陆南泉：《苏俄经济改革二十讲》，生活·读书·新知三联书店，2015，第223页。
[②] 苏淑民：《俄罗斯政治经济与外交》，知识产权出版社，2014，第224页。

演进到统一汇率。(5) 快速推行私有化政策。规定在 1992 年内要把 20%~25% 的国家财产私有化。1992~1996 年基本完成私有化。在 1996 年,私有化的企业和非国有经济产值分别占俄罗斯企业总数与 GDP 比重为 60%~70%。[①]

在"休克疗法"的背景下,俄罗斯的银行体制也发生了剧变。俄罗斯银行体制的改革目标是建立以中央银行为领导、商业银行为主体、多种金融机构并存的分工协作的金融体系。中央银行直接对议会负责,而商业银行又主要受中央银行的监督管理。

二 俄罗斯银行体制的演变

虽然苏联银行的改革强调国家银行履行中央银行的职能,并且通过设立专业银行、股份制银行等手段推动高度集中的银行体制向二级银行体制转变,但是仍然未能真正建立起规范有效的银行体制。苏联解体后,俄罗斯加速了银行体制变革。1995 年 4 月俄罗斯国家杜马通过的《俄罗斯中央银行法》和《俄罗斯银行和银行活动法》的规定,俄罗斯银行体制为非集中的二级银行体制。

(一) 俄罗斯中央银行

俄罗斯中央银行(简称中央银行)是 1991 年在改造苏联国家银行基础上建立的,当时法律依据为《俄罗斯苏维埃联邦社会主义共和国中央银行法》。在二级银行体系中,第一级:中央银行——制定信贷政策,不涉足二级银行的独立业务,确保信贷体系的稳定,避免银行领域危机和破产的发生。中央银行的职能主

[①] 陆南泉:《苏联经济体制改革史论》,人民出版社,2007,第 630、631 页。

要体现在两个方面：一是维持国内商品和劳务价格的稳定；二是维持卢布汇率稳定。中央银行的重要特征是其具有"独立性"，表现为：独立于政府，自主地制定和执行货币政策；独立于财政，堵住财政赤字向银行透支的口子、保证货币币值稳定和经济需求；独立于商业银行，不直接经营一般商业银行业务。由原来财政的"出纳"逐步转变为货币发行、监管金融机构和代理国库的中央银行。

宪法规定俄罗斯中央银行（正式名称为"俄罗斯银行"）独立于其他权力机构，在行政上不归政府管理，也不隶属于议会。但在实际上中央银行仍然隶属于政府的执行机构，直接对俄罗斯议会下院（国家杜马）负责。宏观经济政策的制定者是政府，俄罗斯中央银行是政府政策的执行者，每年要向国家杜马提供年度报告和审计报告（审计机构由国家杜马指定），并有义务根据国家杜马的要求举行定期或不定期听证会。在制定和执行货币政策方面，很大程度上还受政府左右。1995年4月26日，俄罗斯重新通过新的《俄罗斯中央银行法》不仅规定了中央银行的职责，并且明确规定了中央银行的独立地位，强调任何机关无权干预中央银行执行其职责。中央银行是独立法人，除非另有特殊规定不承担国家债务，国家也不承担央行债务。《俄罗斯中央银行法》第九条规定，中央银行法定资本金为300万亿卢布（约10万亿美元）。中央银行的法定资本金和其他资产均为俄罗斯联邦资产。俄罗斯在新的《俄罗斯中央银行法》中体现了3个基本原则：①银行活动的自由化；②加强银行体系的稳定性；③使法律的规定符合银行活动的规范。新法律强调了金融自由化。1997年中央银行独立制定并发布《国家统一货币信贷政策基本方针》，标志着中央银行独立地位的真正确立。独立后的中央银行实行董事会领导制。董事会由 13 人组成：中央银行行长和 12 名董事会成员。董事会行使战略管理职能，中央银行行长负责银行的日常管理，董事会所有成员在中央银行都有固定工作，董事会成员和中央银行行长的职务由国家杜马任命，任期 4 年。董事会在中央银行行长的领导下通常做出一些具有战略意义的重要决策，如确定商业银行准备金的多少，改变俄罗斯银行的利率、限定商业银行的数量、规定商业银行的业务范围。为了完善货币信贷制度，俄罗斯还建立了隶属俄罗斯中央银行的国家银行委员会。该委员会由 15 人组成，他们是俄罗斯联邦会议两院主席、俄罗斯总统、俄罗斯银行及各种信贷组织的代表。[①]

俄罗斯央行内部采取垂直管理体制，包括总部和各地方分支机构、结算中心、信息中心、培训机构和其他机构。联邦内各共和国国家银行是央行的地方分支机构。这些分支机构不具有法人地位，非经央行董事会同意，无权通过法规性文件提供担保。各分支机构的职能范围由央行董事会决定。中央银行的组织结构包括：中央机关、60 个总管理局、19 个国家级银行、1195 个结算支付中心、13 个银行学校、1 个教学研究中心和 9 个隶属中央银行的分支机构[②]。俄罗斯中央银行的组织结构层次关系如图 5-1 所示。

[①] 高晓慧、陈柳钦：《俄罗斯金融制度研究》，社会科学文献出版社，2005，第 132、133、137、138 页。
[②] 高晓慧、陈柳钦：《俄罗斯金融制度研究》，社会科学文献出版社，2005，第 142 页。

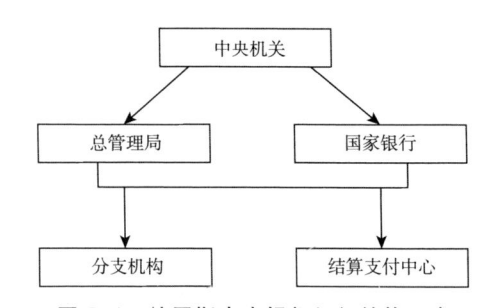

图 5-1 俄罗斯中央银行组织结构示意

资料来源：范敬春：《迈向自由化道路的俄罗斯金融改革》，经济科学出版社，2004，第 28 页。

俄罗斯中央银行主要职能包括以下几个方面。

（1）制定货币和信贷政策，宏观调控货币量。经过改革，俄罗斯中央银行主要通过法定准备金制度、调整再贴现率、公开市场业务等传统工具，结合控制信贷规模、外汇调节发行央行债券等手段来控制货币量。

第一，法定准备金制度。自 1992 年 4 月 1 日起，俄罗斯中央银行建立了法定准备金制度，规定法定准备金标准短期存款为 20%，定期存款为 15%。1995 年以前，适应紧缩货币政策的需要，多次提高法定存款准备金率。1996 年中期起逐步降低商业银行吸收的卢布资金的存款准备金率，以增加商业银行的贷款数额。

第二，调整贴现率。在俄罗斯，再贴现手段也是在 1992 年开始采用的，改革中，逐步形成了以中央银行再贷款或再贴现利率为基础的利率体系。与法定准备金制度不同的是，再贴现手段虽然同样使用的频繁，但效果相对较好。中央银行通过调整再贷款利率的办法调整信贷规模，影响商业银行和金融机构的利率。1992年以前俄罗斯再贷款利率为8%，1993年规定中央银行贴现率不得低于银行间贷款市场利率的7%，1994年该数字降为5%。俄中央银行利率与市场利率逐步持平。但是，俄罗斯再贴现手段的应用也受到票据市场不成熟和不发达、商业票据履约率低等问题的困扰，相当于企业和商业银行将风险转嫁给了国家银行。

第三，公开市场业务。指中央银行在公开市场（即金融市场）上买进或卖出有价证券，借以调节金融。从1992年6月起，中央银行作为有价证券买卖的经纪人和市场检查人，首次在金融市场上进行国债交易。从1994年开始，俄罗斯商业银行也扩大对证券市场的参与。在俄罗斯，与以上两种手段相比，以短期国债为主要交易对象的公开市场业务发展得要快得多。1993年俄罗斯通过发行国债获得的收入为2290亿卢布，占当年GDP的0.11%。而1995年，相应的数字分别剧升至160万亿卢布和60%以上。这无疑产生了这样的疑问，即在政府扩大国债发行目标——补偿财政赤字与包括银行系统在内的金融市场消化能力之间存在着的矛盾。正是这一点加剧了1998年的金融危机。

第四，其他的调控手段。俄罗斯中央银行取消了以往按部门地区分配专项贷款的做法，逐步采取通过贷款拍卖等形式向商业银行注入资金。

（2）银行监管职能。俄罗斯中央银行依据联邦有关法律进行对银行业的监管。这些法律主要有《俄联邦中央银行法》《俄罗斯银行和银行活动法》《信贷机构破产法》《俄罗斯宪法》等命令及其他法规。

第一，商业银行市场准入的管理。俄罗斯银行体系形成初期，商业银行蜂拥出现，最多时商业银行的数量达到2700家，许多商业银行在经营中出现亏损，为此，中央银行自1996年初开始对商业银行的注册资金限制进行了调整，限制了商业银行的市场准入，到1997年5月商业银行数量减少了18%。

第二，实行分级管理。中央银行采用颁发许可证的方式控制商业银行的业务经营品种。资信良好、经营稳健的银行被授予通用许可证，可以从事包括外汇借贷在内的各项金融服务。而其他无通用许可证的金融机构在从事外汇借贷业务时，必须逐笔申报中央银行审批。

第三，成立专门机构。1996年12月，为加强对信贷组织的监管，成立了银行监管委员会，不仅负责对银行的经营活动实行监管，而且要负责协调俄罗斯中央银行下属机关之间的信息交换，以及同国家政权机关的协调等。1998年金融危机后，重新规定对商业银行等信贷机构的监管主要由联邦银行监督委员会负责。

第四，改革呆账准备金制度。由于经济环境的影响，企业对银行贷款不及时足额偿还的现象较为普遍。对银行大量的呆账主要采取两种解决办法。一是属于俄罗斯中央银行向企业直接提供的贷款，债权被新的商业银行继承，由国家杜马通过预算予以核销，财政部与具体的地区签署协议，经议会审议通过后交总统签字，新的法律开始生效，原国有企业所欠无法偿还的银行贷款变成了国家的债务，记入法律名单的企业无法偿还的债务由国家财政部出资予以核销。二是中央银行改革了商业银行提取呆账准备金制度，商业银行自身经营而出现的呆账，按照贷款的风险程度提取损失准备。如原国营农场变成了股份公司，新成立的股份公司要承担原国营农场所欠银行的债务，银行也可以将债权变为股权，并且可以将其在市场上进行公开买卖，但是国家提供的贷款不能将其变为股份。银行还可以让企业破产还债，派工作组到企业，将设备变卖，按照法律规定的比例最大限度地收回银行借款。[①]

（3）外汇监管和调控。俄罗斯中央银行还对外汇汇率和国家债券市场进行管理，以此对商业银行参与外汇投机和债券投机活动施加影响。

同时俄罗斯中央银行还是信贷机构的最后贷款人，有义务组织再贷款体系。[②]

（二）俄罗斯商业银行的发展

在二级银行体制中，第二级主要包括商业银行和非银行金融信贷机构，而商业银行是其中的重点，它构成了中央银行宏观金融调控的微观基础。俄罗斯商业银行实行的是综合银行体制，即银行不但可以从事传统的商业银行业务，而且可以从事证券承销、代理、投资等业务，商业银行的经营是以猎取利润为目的。

俄罗斯大部分的商业银行是在苏联时期国家银行的分行和原

[①] 高晓慧、陈柳钦：《俄罗斯金融制度研究》，社会科学文献出版社，2005，第141页。
[②] 高晓慧、陈柳钦：《俄罗斯金融制度研究》，社会科学文献出版社，2005，第138~142页。

来专业银行的分支机构在私有化的基础之上建立起来的,只有储蓄银行基本上保留了原有的分支机构和服务网络。例如在苏联住房社会银行的基础上就分出了莫斯科商业银行、百货商业银行、穆尔曼商业银行、斯维尔德洛夫社会银行等。[1] 也有的商业银行是在各部的财务局基础上建立的,原来的财务局领导成为银行的董事长。石油化工银行、无线电技术工业银行和其他一些所谓的"部门银行",都属于这种情况。除部门银行和原来的专门银行外,在私有化的这个阶段上还建立了所谓的"新银行",如银科姆银行、梅纳捷普银行、信贷银行、首都银行等。[2]

商业银行的市场准入标准,股份制银行按封闭式和开放式分,最低法定资本金分别为500万卢布和2500万卢布(1995年之前),1995年年初规定法定资本金最低为40亿卢布。从1996年4月起,在俄罗斯新注册的银行应拥有200万欧洲货币单位的自有资本金,1998年7月以后注册的银行要求自有资本金不低于500万欧洲货币单位。频频发生的危机促使俄罗斯加紧了银行改革的进程。从1999年开始,俄罗斯规定银行法定最低限额为100万欧元,且申请银行总许可证的自备金提高到500万欧元以上。

俄罗斯大多数商业银行从事混业经营。1995年的《俄罗斯银行和银行活动法》第五条规定了信贷机构可以从事的9项银行业

---

[1] 黄永鹏:《社会转型期的俄罗斯金融工业集团研究》,中国社会科学出版社,2006,第40~41页。
[2] 高晓慧、陈柳钦、《俄罗斯金融制度研究》,社会科学文献出版社,2005,第144、145页。

务和 7 项其他交易。该条最后一款规定，信贷机构禁止从事生产、贸易和保险业务，但该法不禁止信贷机构持有保险公司的股票。第六条则规定，俄罗斯商业银行根据央行颁布的许可证，可以直接发行、买卖和持有有价证券，并根据与有关法人和自然人的协议，从事有价证券的管理业务。①

按照所有制划分，商业银行可以分为三类。

①国家所有和国家控股的银行。有代表性的是俄罗斯储蓄银行和对外贸易银行，其资产占银行系统全部资产的 30% 左右。俄罗斯储蓄银行 1997 年初的资产占银行系统全部资产的 24%，吸收的存款占私人存款的 70%。②

②私人银行和混合所有制银行，其资产占银行系统全部资产的近 70%。其中最大的约 20 家，其资产约占银行系统全部资产的 25%。这 20 家中有 3 家（莫斯科生意银行、农工银行、工业建筑业银行）是在原来专业银行的基础上改组成的股份银行（农工银行 51% 的股份为首都储蓄银行拥有），其余基本是新建立的信贷机构。③ 数量最多的是中小银行，它们中有近 1/4 的银行资本少于 50 万美元。

③外国独资和合资银行。为了吸引西方银行的管理经验及技术，俄罗斯鼓励外国投资者建立独资和合资银行。由于担心受到外国银行的竞争，俄国政府对外资银行进行了较严格的限制。如外国独资银行注册资本金不得少于 500 万美元，外资银

---

① 高晓慧、陈柳钦：《俄罗斯金融制度研究》，社会科学文献出版社，2005，第 147 页。
② 许新主编《叶利钦时代的俄罗斯·经济卷》，人民出版社，2001，第 233 页。
③ 许新主编《叶利钦时代的俄罗斯·经济卷》，人民出版社，2001，第 233 页。

行对银行业的投资不得超过俄罗斯商业银行资本总额的 12%（1994 年降为 5%）等。由于政府的限制，使得外资银行发展缓慢。到 1996 年底正式登记的外国独资银行只有 13 家，有外资参加的合资银行为 152 家，外资在银行系统全部资产的比重只有约 3%。

俄罗斯的银行主要集中在莫斯科。1997 年，在俄罗斯 2000 多家银行中，有 740 家设在莫斯科。俄罗斯十大商业银行除排在第 9 位的伏尔加汽车厂银行设在陶里亚蒂市之外，其余 9 家均设在莫斯科。这些大银行资金雄厚，可惜这类大银行在俄罗斯数量极少。这种银行资金结构和地理分布不利于俄罗斯经济的资本运行。[①]

促进银行活动和行业准入的自由化是经济转轨初期俄罗斯制定的有关银行法律核心标准之一。1991 年 10 月 1 日俄罗斯中央银行发布《商业银行登记和许可证发放的程序》，这成为"简化商业银行成立手续"的基本文件，在金融自由化和私有化的推动下，俄罗斯商业银行的数量急剧增加，到 1992 年 10 月，商业银行超过 1600 家，到 1994 年，俄罗斯商业银行的数量在世界上已经处于领先地位。1995 年商业银行数量约为 2500 家，1996 年 4 月 1 日为 2599 家，[②] 1997 年俄罗斯银行数量达到 2603 家。但与西方国家银行相比，苏联平均每个商业银行的分支机构数量小于其他西方主要大国（见表 5-1）。

---

① 赵传君、马蔚云：《中俄经济转轨与经济发展比较研究》，黑龙江人民出版社，2007，第 222 页。
② 高晓慧、陈柳钦：《俄罗斯金融制度研究》，社会科学文献出版社，2005，第 146 页。

表 5-1　俄罗斯与其他西方国家商业银行比较

单位：个

	俄罗斯	美国	日本	英国	德国	法国	意大利
商业银行数量	2603	10971	150	491	330	425	315
分支机构数量	5131	54129	14997	12800	7604	10442	19722
平均每个商业银行的分支机构数量	2	5	100	26	23	25	63

注：〔俄〕过渡时期经济问题研究所：《过渡时期经济学》（莫斯科 1998 年俄文版）第 506 页。有关俄罗斯商业银行的情况为 1997 年的数字，其他国家商业银行的情况为 1993 年的数字。转引自许新主编《叶利钦时代的俄罗斯·经济卷》，人民出版社，2001，第 242 页。

三　金融寡头的兴起

转轨时期，俄罗斯出现了大量的金融寡头，对俄罗斯经济产生了十分深远的影响。按照《俄罗斯联邦金融工业集团法》规定："金融工业集团是以一个总公司和若干子公司在组建金融工业集团合同的基础上全部或部分联合自己的物质的和非物质的资产的法人总和（参与制），其目的是实现工艺或经济的一体化，以实现旨在提高竞争能力、扩大产品销售市场和劳务市场、提高生产效率、建立新的工作场所的投资及其他项目和计划。"[1] 规定"组成金融工业集团的集体法人根据决定其国家注册的国家授权机构的决定获得金融工业集团地位"[2]。但是在经济运行中，还有

---

[1] 宋锦海、远方：《新权贵——俄罗斯金融工业集团的崛起》，新华出版社，1998，第 234 页。

[2] 宋锦海、远方：《新权贵——俄罗斯金融工业集团的崛起》，新华出版社，1998，第 236 页。

一批没有登记的金融工业集团。更多表现为一些大银行或者生产领域里的大型企业的周围出现的、非正式的联合体。

1993年第一家金融工业集团成立，此后正式注册的金融寡头数目不断增加，1994年正式登记注册的金融工业集团为6个，1995年发展到了21个。截至1995年8月，正式登记注册的金融工业集团已经联合了273个企业和51个金融机构，有150万名就业人员，聚集了1.5万亿卢布的资本。年产值为26万亿卢布，占国生产总值的2%。到1996年6月，正式登记注册的金融工业集团数量又翻了近一番，联合的企业和金融机构分别达到了500多个和87个，就业人数上升到了300万，已占整个工业领域中就业人数的1/6，聚集的资本达到2万亿卢布，年产值上升到100万亿卢布，在国民经济总产值中占有比例超出了10%。到1997年1月1日，在俄罗斯登记注册的正式的金融工业集团又增加到了46个，到1997年4月底，又上升到62个，包括1000多个工业企业和组织、90多个金融—信贷机构、60多家银行和银行控股公司。[①]

在1993~1996年这段时间里，政府还出台了一系列总统令、政府条例和立法保障（例如1996年4月颁布的《关于促进银行与产业界一体化的总统令》），从放开限制、资金支持和政策倾斜等多方面大力促进银行资本向工业资本渗透。在这种宽松有利的法律环境下，为了在大规模私有化浪潮中夺得对工业企业的控制权，一些实力雄厚的大银行开始购买私有化企业的股票。通过

---

① 宋锦海、远方：《新权贵——俄罗斯金融工业集团的崛起》，新华出版社，1998，第8页。

购买私有化企业的股票，银行资本开始向工业资本进行渗透。①

据统计，排名前 100 的俄罗斯银行中有 48 家加入金融工业集团；排名前 20 位的银行，大部分属于不同的金融工业集团。而大银行联合的工业企业也大多属于实力雄厚的大企业、大公司（参见表 5-2）。② 1998 年金融危机以前，8 家金融工业集团所拥有的商业银行资产占俄罗斯商业银行总资产的 30%，这些银行包括联合进出口银行、国际金融公司、梅纳捷普银行、国际商业银行、俄罗斯信贷银行、阿尔法银行、首都储蓄银行-农工银行、桥银行和汽车银行等。

表 5-2 十大金融工业集团中银行参与情况

金融工业集团名称	参与的主要银行（全国排名） （2001 年 9 月 1 日）	主要工业企业（部门，全国排名） （1999 年底）
瓦斯工业	瓦斯工业银行（5）	瓦斯工业股份公司（煤气，2）
卢克伊尔	国家储蓄银行（13）	欧斯克尔斯克黑金属联合工厂（黑金属，2）
	奥林匹克银行（36）	列别金斯克 GOK（黑金属，47） AZOT（化学、石化，179） 契列波贝茨阿诺特（化学、石化，179）
	国际燃料—能源综合体发展银行	卢克伊尔（石油，3）
	彼得商业银行	克米 TAK（石油，9）
	梭宾银行	极地之光（石油，137）

---

① 张春萍：《转型时期俄罗斯金融工业集团的形成、发展与绩效分析》，黑龙江大学出版社，2009，第 105 页。
② 张春萍：《转型时期俄罗斯金融工业集团的形成、发展与绩效分析》，黑龙江大学出版社，2009，第 103 页。

续表

金融工业集团名称	参与的主要银行（全国排名）（2001年9月1日）	主要工业企业（部门，全国排名）（1999年底）
国际俄罗斯	罗斯银行（7） 保托涅克辛姆银行	辛丹科（石油，5） 诺里尔斯克镍业（黑金属，8）
	奥涅克西姆银行（3）	诺保里佩茨冶金联合工业（黑金属，19）
	MFK银行（21）	佩尔模汽车业9（汽车制造，71）
	信托投资银行（17）	斯基诺勒（汽车制造，105） 尤科斯（石油，1）
	梅纳捷普—圣彼得堡银行（24）	东方石油公司（石油，38）
	梅纳捷普银行（6）	波斯克列斯基耶矿物肥料（化学及石化，99）
国际商业银行集团	国际商业银行*	伏尔加造管工厂（黑金属，138） 马格尼托科尔冶金工厂（黑金属，18）
西伯利亚石油	第一OVK银行 诺罗托波拉基纳银行统一银行	巴巴耶夫斯基商会（食品，78） 罗斯特—夫龙特（食品，183） 西伯利亚石油（石油，10）
俄罗斯信贷银行集团	俄罗斯信贷银行（28） 进出口银行（33）	米哈伊罗夫斯基GOK（黑金属，45）
阿尔法集团 桥集团 系统金融 股份公司	阿尔法银行（4） 桥银行（24） 波罗摩拉德杰赫银行（37） 莫斯科重建及发展银行	图拉切尔梅特（黑金属，62） 斯托尹连斯基GDK（黑金属，117） 秋明石油公司（石油，11）

注：*该银行已于1998年10月29日被撤销营业执照。

资料来源：张春萍：《转型时期俄罗斯金融工业集团的形成、发展与绩效分析》，黑龙江大学出版社，2009，第103~104页。

银行与工业企业融合的方式主要是同过购买企业的股票，从而实现对公司治理的参与和对公司利润的共享。《俄罗斯银行和银行活动法》明确规定了俄罗斯商业银行采取混业经营的模式，可以从事证券业务。在私有化浪潮中，具有较为充裕资金的银行资本开始向工业企业渗透。表5-3是大型银行在金融工业集团企业中的股本结构。

表5-3　大型银行在金融行业集团中的股本结构（1999年1月）

金融工业集团名称	参与金融工业集团银行	银行在企业法定资本中的持股比例（%）	银行参与其他非金融工业集团所属企业的比例（%）
乌拉尔厂	OAO欧洲出口发展银行	乌德穆尔特石油—53.91；乌德穆尔特石油制品—13.48；乌拉尔财产国家委员会—7.5；乌德穆尔特阿弗托多尔—6.02	SK波利斯—耶夫拉基亚OOO耶夫拉基亚管理集团—100
西伯利亚	工业技术银行	NII分子电子学家、米克浓工厂—9.93；AFK系统—62.44；俄罗斯国家保险公司—9.93；ZAO工业贸易中心—19.8；OOO诺特利斯—19.8	ZAO普拉伊摩杰赫—40；OAO NII苏佩尔—ABM；ZAO NPP普农达—30

161

续表

金融工业集团名称	参与金融工业集团银行	银行在企业法定资本中的持股比例（%）	银行参与其他非金融工业集团所属企业的比例（%）
快速舰队	AKB 吉尔梅斯中心	OAO 电子工厂—19.99； OAO 中型转换器及反应器—14.02； ZAO 托格快递—19.29； 农工联合体—10.9	OAO NPP 杰赫诺伯利波尔—20.79； 里吉斯特尔公司—60； OOO 能源建设中心 100； ZAO 吉尔梅斯—PAU 国家贷款联合—33
工业建筑联合公司	KB 斯坦柯银行	OAO 采购家—15.96； SKB 马铃薯耕种采取机器制造—18.3； 沙普菲尔技术商品中心—17.8； OAO 库尔斯 I—15.85； TOO SKSIF—18.4	AOOPSK>18.75
下城汽车	AKB 下城银行	ZAO 下城营收中心—19.36； 鲁沙尔卡—6.78； 残障者协会—10； 西米克投资—6.54； ZAO 区域—18.68； OOO 索塔娜—10.16	
	AKB 汽车瓦斯银行	AKB 汽车银行—34.82； 伊哥斯保险—11.02	

续表

金融工业集团名称	参与金融工业集团银行	银行在企业法定资本中的持股比例（%）	银行参与其他非金融工业集团所属企业的比例（%）
	AKB 汽车银行	OSAO 伊哥斯保险 18.4； EBRR—8.0； 丹诺股份有限公司—4.9； 威尔帕尔企业有限公司—4.9	NPF 阿里耶帕路沙—85.9； 汽车瓦斯银行—34.82； OAO 瓦斯—10.06； ZAO 基金中介—100
耶克索西莫	ABK 梅纳捷普	那夫塔—莫斯科—4.26； AO 莫斯能源—2.0； ZAOSBS 金融集团管理公司—1.2； VO 对外联络—0.4	OAO AKB 东商业银行—20； OAO AKBSKB 银行—50.5
西伯利亚农工	AKB 阿尔塔伊商业银行	OOO 金融—7.23； 阿尔塔伊去财产基金会—14.2； OAO 阿尔塔伊电话—电报公司—9.77	OOO 里耶尔特朗普柳斯—100； TOO 费米达—40； ZAO 服务中心—30

资料来源：张春萍：《转型时期俄罗斯金融工业集团的形成、发展与绩效分析》，黑龙江大学出版社，2009，第107页。

金融工业集团中银行还可以向企业提供稳定、长期的信贷关系，从而形成银行和企业之间的紧密关系。但是俄罗斯金融工业集团中银行对企业贷款并不算太高。奥涅克西姆银行、阿尔法银行和俄罗斯信贷银行在 1999 年对集团内部企业提供的贷款分别只占银行总资产的 19.3%、13.4%和 4.8%（参见表 5-4）。

表 5-4　金融工业集团中的银行对企业的贷款比重（1999 年 3 月 1 日）

银行名称	金融工业集团名称	银行贷款占总资产比例（%）	对金融工业集团内部企业贷款额占银行资产比例（%）
汽车银行	下城汽车、斯夫亚托罗柯尔	59.6	41.6
奥涅克西姆银行	欧巴罗尼杰勒尼系统	38.5	19.3
石化银行	罗莎克罗保模	19	15
下城银行家	下城汽车	27.2	17
普里欧对外贸易银行	罗莎-普利姆	18.6	12.8
无线电工业银行	西伯利亚、弗托尔梅特投资	18.9	13.2
俄罗斯信贷	鲁斯化学、斯夫亚托罗柯尔、托奇诺斯特	25.5	4.8
斯贝尔得勒索兹银行	格拉夫斯列德乌拉尔生产	30	22
阿尔法银行	保勒兹斯卡亚公司	19.1	13.4
阿尔谢那尔	专业运输汽车制造	7.8	0

续表

银行名称	金融工业集团名称	银行贷款占总资产比例（%）	对金融工业集团内部企业贷款额占银行资产比例（%）
信托投资银行	俄罗斯纺织财团	12.9	3.2
多宁贝斯特银行	多宁贝斯特	24.7	20.3
黄金—铂工业银行	乌拉尔贵重物质	37.2	15.8
进出口贷款银行	耶勒别路斯	41.7	0.6
库兹保斯工业银行	库保斯	36.5	28
兰塔银行		11.8	4.7
马波银行		20.8	17.4
桥银行		18.1	16.7
梅塔尔埃克斯银行	塔纳克	36.6	18.1
圣彼得堡银行	罗斯特罗	5.6	4.5
斯克斯—阿克罗银行	尼瓦黑土	27.6	16.1
马拉尔对外商业银行	阿拉米德杰赫	34.1	28.3
库尔斯克工业银行	索柯尔	38.3	31.2
银行系统的平均值（1999年5月1日）		38	26

资料来源：张春萍：《转型时期俄罗斯金融工业集团的形成、发展与绩效分析》，黑龙江大学出版社，2009，第110页。

金融寡头的兴起与俄罗斯的政治又密切相关。以金融寡头之一的奥涅克西姆银行集团领导波塔宁为例，波塔宁曾在苏联外贸部工作，在苏联解体后曾经担任副总理。1992年，波塔宁成立了自己的私人金融机构——股份商业银行国际金融公司。这家金融机构是在经互会国家的国际经济合作银行基础上建立起来的。紧接着，1993年，股份制商业银行国际金融公司与联合进出口银行合并成立组建了奥涅克西姆银行集团。[①] 组建之初，奥涅克西姆银行法定资本金是250亿卢布，到1997年10月1日上升为3万亿卢布。银行的自有资产也在不断增加。1996年9月1日的时候已经达到15.1万亿卢布，到1997年10月1日上升为21万亿卢布，银行吸收的存款为9万亿卢布。[②] 以奥涅克西姆银行为代表的金融寡头还利用特殊的政治资源，成为预算的全权委托行，吸纳了大量的预算资金。奥涅克西姆银行的吸收预算资金甚至超过了国家控股的俄罗斯储蓄银行（参见表5-5）。

表5-5　截至1997年1月1日俄罗斯国内吸收预算资金最多的几家银行

银行	预算资金数额（百万卢布）
奥涅克西姆银行	2099561.10
俄罗斯储蓄银行	1280259.00

---

① 黄永鹏：《社会转型期的俄罗斯金融工业集团研究》，中国社会科学出版社，2006，第48页。
② 黄永鹏：《社会转型期的俄罗斯金融工业集团研究》，中国社会科学出版社，2006，第52页。

续表

银行	预算资金数额（百万卢布）
莫斯科商业银行	547721.70
俄罗斯银行	467301.10
俄罗斯工业建设银行	439106.20
梅纳捷普银行	296511.43
"帝国"银行	177818.40
"复兴"银行	170096.00
桥一银行	165777.10

资料来源：〔俄〕谢尔盖·米哈伊洛夫：《国家——这实际上就是奥尼克西姆银行吧？》，《真理报》1997年5月23~30日。

四　金融危机冲击下俄罗斯商业银行的调整

1997年第四季度俄罗斯发生金融危机，1998年5月、8月，又爆发两次严重的金融危机，卢布贬值，经济长期衰退。1998年5月初到27日前，外国投资者陆续从俄罗斯撤走资金140亿美元，5月27日俄罗斯上市公司股票平均下跌10%，国家短期债券年利率从60%上升到80%，交易所美元兑卢布比价升至1∶6.2，超过俄罗斯中央银行规定的1∶6.188的幅度。1998年7月，俄罗斯的金融再次出现危机，7月6日和7日，俄罗斯国债收益率连续突破90%和110%大关，卢布汇率再次波动。1998年8月10日，由于日元贬值、国际石油价格持续下降以及资本家们对俄罗斯经济形势悲观预计，俄罗斯再次出现大规模的抽逃资金。8月13日，债市交易几乎停止，短期国债收益率上升到150%～200%，一年期国债年收益率高达300%。股市恐慌严重。许多银行已停止外汇交易，8月17日俄罗斯中央银行宣布提高"外汇走廊"上限，卢布贬值50%。[①]

俄罗斯一些商业银行主要经营活动是进行货币交易、持有股票和国家债券，特别是通过接受企业和支付机构的低息贷款，然后把钱投入高收益的国家债券，很多银行的债券收益有时高达100%以上。这些银行经营个人储蓄业务不多，几乎所有的个人储蓄业务均由属于国有储蓄银行来经营。1997年初，俄罗斯银行对非金融公司的贷款仅相当于国内生产总值的10%，波兰、匈牙利的银行贷款与国内生产总值的比率是俄罗斯的两倍。[②]

如前所述，鉴于商业银行存在的种种问题，俄罗斯对商业银行的活动实行规范管理。通过整顿，商业银行出现一些向积极方向发展的现象。银行总数从1996年开始减少，到1997年7月5日俄罗斯商业银行从最多时的2500多家减少为1841家，到1998年4月1日又降为1641家，同时银行资本不断集中。1998年8月的金融危机使俄银行系统遭受了破坏性打击。为了恢复银行的正常运作，俄国政府和央行在1998年11月制订了重组银行系统的计划，银行按问题的程度被归

[①] 姚淑梅：《国际金融危机的演变与中国的应对》，人民出版社，2010，第134～136页。
[②] 叶灼新：《俄罗斯金融危机初探》，《世界经济》1998年第11期，第33页。

纳成四类。

第一类银行约 600 家，这是财务状况基本稳定的中小型银行，其业务主要是为地方的工农业生产部门进行结算和政府预算服务，其资产占银行体系的 15%，并持有 8.4% 的居民存款。国家对这些银行的业务活动干涉程度降到最低程度。第二类包括 190 家稳定和比较稳定的大中型银行，其资产和吸收居民存款占银行体系的 30%，国家将大力支持这类银行。第三类是在这次金融危机中丧失绝大部分[①]资本、无力继续运营的、对社会经济影响大的 18 家大商业银行，其资产占银行体系的 41%。这类银行多为金融工业巨头，与国家利益有着密切关系。考虑到关闭这类银行，既需要投入大量资金，又会对整个国民经济产生影响，因此政府决定投入 475 亿卢布对这类银行加以改组，使其成为健康的银行。第四类银行是破产和濒临破产的银行。这类银行在这次金融危机中资本丧失殆尽，对这类经过改革仍不能"复生"的银行予以取缔。

政府和央行成立了专门的信贷机构重组代理公司，专司银行整顿。从 1999 年开始，信贷机构重组代理公司对 400 多家存在问题的银行的财务状况展开了全面调查，在调查基础上，按照《信贷机构重组法》的规定，采取了相应的措施。[②] 银行重组的内容和措施主要包括以下几个方面。

①增加银行资本金，改善资产质量，建立长期储备金。1998

[①] 赵传君、马蔚云：《中俄经济转轨与经济发展比较研究》，黑龙江人民出版社，2007，第 228 页。

[②] 朱显平：《俄罗斯银行体制和信贷企业研究》，吉林人民出版社，2005，第 216 页。

年8月1日至1999年1月1日,俄罗斯的银行总资产由1207.85亿美元降至502亿美元,资本充足率和资产质量明显下降。因此,俄罗斯政府在银行重组时采取债务资本化、吸收国内外新资金等措施增加银行资本金,同时也将银行不良资产转给信贷机构重组代理公司以换取良好资产或使银行形成对信贷机构重组代理公司的长期债权等。

②提高资金流动性。俄罗斯中央银行动用约300亿卢布的存款准备金支持银行化解相互拖欠,并向商业银行提供以有价证券作担保的抵押贷款等,以恢复银行的支付结算功能。

③重组银行负债。促使银行与债权人达成协议,将其长期债权转化为银行资本,将短期债券转换为长期债券,或变成卢布券,或以现金方式偿还。

④调整银行的财务管理和组织结构。计划把俄联邦储蓄银行、俄外贸银行和对外经济银行三家大银行,俄罗斯发展银行、俄罗斯进出口银行两家专业银行,首都储蓄银行、农业银行、工业建设银行和俄罗斯信贷银行几家行业银行,改组为国家控股银行,从而实现银行资本的进一步集中,向拥有发达分支机构的大银行发展。

重组后的俄罗斯银行业出现好转。从1999年初到2000年3月,俄罗斯有问题的银行(指负债率高、还贷能力低、吸收居民存款比例过高的银行)从480个减为186个,有问题银行的资产在银行资产总额中的比重从45.5%下降到13.3%。尚在营业的银行资本总额为1692亿卢布,虽然实际价值仍低于危机前水平,但比危机后的最低点(1999年3月)多1087亿卢布,增长约 1.8 倍。① 2000 年 7 月 1 日，俄罗斯有 346 家银行实现了资本重组，其中 317 家银行被其他银行吞并，成为其他银行的分行；29 家银行同其他银行合并。②

俄罗斯银行业实力也有所增强，俄罗斯银行业 2000 年的资产增长率为 12%，2001 年的资产增长率为 14%；银行资产占 GDP 的比重由 1997 年的 30.3% 增加到 2001 年的 34.9%；银行的可清偿资产占 GDP 的比重由 1997 年的 4.7% 增加到 2001 年的 7.9%。俄罗斯银行主要指标的变化见表 5-6。

表 5-6 俄罗斯银行业基本经济指标的变化（占 GDP 的百分比，年末值）

单位：%

指标\年份	1997	1998	1999	2000	2001
资产	30.3	38.2	33.3	32.4	34.9
对非金融部门的贷款	10.0	14.2	11.5	11.6	14.7
可清偿资产	4.7	8.0	9.3	8.6	7.9
国债投资	6.7	6.6	4.5	4.3	3.7
自有资金	5.7	4.7	4.8	4.6	5.6
居民存款	7.1	7.3	6.2	6.1	7.5

资料来源：俄罗斯中央银行统计资料。转引范敬春、宋景义《98 金融危机后俄罗斯银行业的变化》，《理论学刊》2002 年第 6 期。

---

① 赵传君、马蔚云：《中俄经济转轨与经济发展比较研究》，黑龙江人民出版社，2007，第 229、230 页。
② 朱显平：《俄罗斯银行体制和信贷企业研究》，吉林人民出版社，2005，第 225 页。

第二节 中国社会主义市场经济条件下的
银行体制变革（1992~2000）

一 社会主义市场经济下中央银行体制的调整

1992年10月，党的十四大提出建立社会主义市场经济体制的改革目标。1993年11月，党的十四届三中全会明确了我国经济体制改革的目标是建立社会主义市场经济体制，通过了《中共中央关于建立社会主义市场经济体制若干问题的决定》。随着市场经济的发展，商品经济交换日益活跃，旧有的银行体制日渐不符合商品经济的需要，银行体制面临新的变革。

1993年12月，国务院颁布了《关于金融体制改革的决定》，明确提出"金融体制改革的目标是：建立在国务院领导下，独立执行货币政策的中央银行宏观调控体系；建立政策性金融与商业性金融分离，以国有商业银行为主体、多种金融机构并存的金融组织体系；建立统一开放、有序竞争、严格管理的金融市场体系"。进一步明确了中国人民银行的职能："中国人民银行是国家领导、管理金融业的职能部门。总行掌握货币发行权、基础货币管理权、信用总量调控权和基准利率调节权，保证全国统一货币政策的贯彻执行。人民银行总行一般只对全国性商业银行总行（目前主要指专业银行总行）融通资金。"

1994年根据《关于金融体制改革的决定》，中国人民银行总行印发了《人民银行分支行转换职能的意见》，1995年出台了《中华人民共和国人民银行法》。明确了中国人民银行具体职责是："（一）依法制定和执行货币政策；（二）发行人民币，管理人民币流通；（三）按照规定审批、监督管理金融机构；（四）按照规定监督管理金融市场；（五）发布有关金融监督管理和业务的命令和规章；（六）持有、管理、经营国家外汇储备、黄金储备；（七）经理国库；（八）维护支付、清算系统的正常运行；（九）负责金融业的统计、调查、分析和预测；（十）作为国家的中央银行，从事有关的国际金融活动；（十一）国务院规定的其他职责。"

1997年，中共中央、国务院召开了全国金融工作会议，确定了进一步深化金融体制改革的方针，要把中国人民银行办成真正的中央银行，充分体现发行的银行、银行的银行和国家的银行三大特征，全面发挥中国人民银行在金融宏观调控、金融监管与金融支付服务方面的基本职能，提高风险防范和化解金融风险的预测与监控能力。按照国务院关于机构改革的决定，1998年中国人民银行进行了组织机构体系的改革。改革的重点是强化中央银行的垂直领导，跨行政区设立一级分行，撤销省级分行建制，设立跨省区分行，全国设9个一级分行和2个营业管理部，强化中国人民银行实施货币政策的独立性；强化对商业银行、合作金融机构等各类金融机构的监管职能，并强调运用金融电子信息化手段，建立金融风险监测、预警体系；对全社会资金流量、流向和金融业务活动进行监控、分析，提高中国人民银行的管理水平，为金融系统和全社会提供更加准确、安全、快捷的支付清算的金融服务。[①]

[①] 孔祥毅主编《中央银行通论（第二版）》，中国金融出版社，2002，第30页。

1998年，中国人民银行取消了对国有商业银行的贷款规模控制，对国有商业银行不再下达指令性贷款计划，实行"计划指导、比例管理、自求平衡、间接调控"的信贷资金管理体制。1998年中国人民银行开始正式编制基础货币规划，货币政策操作向间接调控迈出了重要一步。由于信贷总量和货币供应量有高度的相关性，信贷总量指标比货币供应量指标也更具有可控性。因此，中国人民银行在关注货币供应量增长的同时，也将信贷总量指标作为一个经常性的监测指标。在货币政策间接调控阶段，货币政策的日常操作中主要监测两项指标，一是商业银行的超额准备金率；二是货币市场同业拆借利率或债券回购利率。[1]

1998年以来，随着我国货币政策操作由直接调控转向间接调控，中国人民银行还通过"窗口指导"对商业银行传达货币政策。"窗口指导"源自中央银行在贴现窗口对前来要求贴现的商业银行所进行的道义劝说，是一种经济手段之外的、倚仗中国人民银行对商业银行的特殊地位而对商业银行提出指导的行为。"窗口指导"作为选择性政策工具，只是一种建议性、指导性措施，商业银行对此是否采纳具有决定权。"窗口指导"既包括对商业银行向中央银行融资的指导，也包括对商业银行向社会提供信贷的指导或限制。[2]

金融监管职能逐步从中国人民银行中分离。1992年，证券市

---

[1] 中国人民银行编著《中国人民银行六十年（1948-2008）》，中国金融出版社，2008，第62页。
[2] 中国人民银行编著《中国人民银行六十年（1948-2008）》，中国金融出版社，2008，第68页。

场的监管权由中国人民银行转到国务院证券委和中国证监会。1995年，中国人民银行不再负责对证券公司的监管，交由证监会来行使监管权力。1998年，国务院原证券委员会与原中国证监会合并为正部级的中国证监会，履行对证券业和中国证券市场的统一监管。1998年11月，中国保监会成立，统一监管保险业、保险机构和保险市场，中国人民银行不再监管保险业。

二 四大专业银行的商业化改革

《关于金融体制改革的决定》中明确提出："国家专业银行要逐步转变为责、权、利、险相结合，相互制约、自主经营、自担风险、自负盈亏、自我发展的商业银行。"而且提出了政策性银行与商业银行分离，"建立政策性银行的目的是，实现政策性金融和商业性金融分离，以解决国有专业银行身兼二任的问题；割断政策性贷款与基础货币的直接联系，确保人民银行调控基础货币的主动权。政策性银行要加强经营管理，坚持自担风险、保本经营、不与商业性金融机构竞争的原则，其业务受中国人民银行监督"。提出了"把国家专业银行办成真正的国有商业银行"等重要思想。1995年，《中华人民共和国商业银行法》正式颁行。该法明确了国有商业银行是"自主经营、自担风险、自负盈亏、自我约束"的市场主体。四大专业银行（工行、农行、建行、中行）从法律上被定位为国有独资商业银行。在这一阶段四大专业银行主要采取了以下措施，推动自身向商业银行转变。

第一，将专业银行中政策性业务剥离，成立政策性银行，原则上专业银行不再承担政策性的资金供给。

第二，建立和完善了"一级法人、多级经营"的体制，管理体系自上而下、统一调度。

第三，建立了严格的分业经营原则，商业银行在境内不得从事信托和股票业务。不得投资自用不动产。

第四，实行资产负债比例管理，中国人民银行对商业银行的资本充足率、存贷款比例、资产流动性比率和贷款质量指标等，规定了统一标准。

第五，明确商业银行经营原则和方针，强调了商业银行实行自主经营、自担风险、自负盈亏、自我约束的经营机制。

截至1997年底，四大国有商业银行共有机构15.37万个，职工168万多人，存款额、贷款额、资产总额和纳税总额分别为60885.79亿元、53260.59亿元、84242.04亿元和446.99亿元。[①]

成果虽然显著，但这一时期这四大国有商业银行（工行、农行、建行、中行）也存在一些问题。

四大国有商业银行信贷资产质量问题由来已久，四大国有商业银行的资产以信贷资产为主，约占总资产的75%。据统计，"七五"末期（1990年）四大国有商业银行的不良贷款就达2200亿元，占信贷资产总量的12.2%。"八五"末期（1995年）不良贷款上升到9000多亿元，占全部信贷资产总量的比重超过25%，其中，企业呆账贷款达3000亿元，这个总额远远超过四大国有商业银行的自有资金（净资产）2616亿元。截至1996年底，国有

---

① 宋士云：《中国银行业市场化改革的历史考察》，人民出版社，2008，第118页。

银行的不良贷款总额已超过1万亿元人民币,近3倍于银行的自有资产,而仅国有企业拖欠的银行利息就达1000亿元。国有银行的自有资本可以说已经名存实亡,其资本充足率(全部资本与加权风险资产的比重)与国际银行业的监管标准8%相去甚远。[1] 到1997年底,国有银行不良贷款占总贷款比重为25%,其中呆账占贷款总额的2%左右,包括超过两年的逾期贷款中难以收回的部分,坏账贷款占贷款总额的比重约在5%[2]。

为解决国有独资商业银行不良贷款率居高不下、历史包袱沉重的问题,国务院于1999年从四大国有商业银行剥离不良贷款13939亿元人民币,使国有商业银行不良贷款率骤然下降了9.2%。同年,借鉴国际经验,中国先后成立了四家金融资产管理公司,分别为中国信达资产管理公司、中国东方资产管理公司、中国华融资产管理公司和中国长城资产管理公司,专门接收、处置从四大国有商业银行剥离出来的不良贷款,以化解潜在的金融风险。[3]

以中国信达资产管理公司为例。1999年4月,中国信达资产管理公司在北京成立,中国信达资产管理公司是具有独立法人资格、独立承担民事责任的国有独资银行金融机构,注册资本金100亿元人民币,由财政部全额划拨;公司运营资金除了注册资本以外,可以通过发行金融债券、向金融机构借款和向中国人民

---

[1] 李建军、田光宁:《九十年代三大国际金融危机比较研究》,中国经济出版社,1998,第150页。
[2] 李建军、田光宁:《九十年代三大国际金融危机比较研究》,中国经济出版社,1998,第151页。
[3] 李扬等:《新中国金融60年》,中国财政经济出版社,2009,第145页。

银行再贷款等手段获取资金。中国信达资产管理公司是中国第一家经营、管理、处置国有独资商业银行不良资产的公司。截至1999年底，该公司与中国建设银行签订多项不良资产交接协议，完成了中国建设银行2500亿元不良贷款的剥离和交接工作。[1]

华融资产管理公司成立后，中国工商银行着手剥离不良资产，实行"两不限制"和"两个规定"。"两不限制"内容如下。一是对资产种类不限制。各类贷款资产，以物抵贷资产，中国工商银行对外投资，信托及账外经营等各类并账资产，原则上都可以剥离。二是对债务人的性质不限制。国有企业和非国有企业、中国工商银行自办经济实体和其他债务人的债务，原则上都可以剥离。对可以剥离的贷款资产的质量形态有"两个规定"：一类是1995年底前形成的呆滞贷款，包括账面上的呆滞贷款和事实上的呆滞贷款；另一类是1999年6月底按贷款五级分类清分出的可疑类贷款，包括按清分标准应列入可疑类却因人为因素违规列入损失类或次级类的贷款。[2] 1999年10月华融资产管理公司已结束不良资产的收购工作，收购金额4077亿元，其中有1000亿元的债转股，涉及7万多家企业，其中债转股500家。[3]

三 政策性银行的成立

为剥离四大国有商业银行的政策性负担，中国成立了国家开发银行、中国农业发展银行和中国进出口银行三大政策性银行。

---

[1] 吴晓灵：《中国金融改革开放大事记》，中国金融出版社，2008，第498、499页。
[2] 《中国工商银行着手向华融资产管理公司剥离不良资产》，《中国城市金融》2000年第1期。
[3] 苏丽霞：《华融资产管理公司加快处置不良资产》，《金融时报》2000年10月9日。

从这三大政策性银行的经营运作来看，它们一般都以贷款利率较低、期限较长的政策性贷款业务为主，并且有特定的客户和业务对象。

（一）国家开发银行

1994年3月17日《国务院关于组建国家开发银行的通知》发布。国家开发银行成为我国成立最早的政策性银行。国家开发银行是国务院领导的政策性金融机构（正部级单位），对由其安排投资的国家重点建设项目，在资金总量和资金结构配置上富有宏观调控的职责。国家开发银行注册资本为500亿元人民币，分4年逐步到位。注册资本金从国家财政逐年划拨的经营性建设基金和经营基金回收资金（含原"拨改贷"）中安排。

国家开发银行的年度投资总规模和资金筹措办法由国务院确定。其资金来源和具体筹措办法如下。①国家预算安排的经营性建设基金。②原"拨改贷"和经营性建设基金贷款回收的本息。③财政贴息资金。对于基本建设和技术改造政策性项目贷款所需贴息资金，由国家财政专项列入年度预算。贴息办法由国家计委、国家经贸委、财政部、中国人民银行和国家开发银行商定。④国家开发银行向金融机构发行金融债券。国家开发银行提出年度金融债券发行规模，由中国人民银行和国家计委根据国家确定的信贷计划和固定资产投资规模进行审定。金融债券利率和认购比例，由中国人民银行征求国家计委、国家经贸委和财政部的意见后确定，同时下达各金融机构。⑤经国务院批准，国家开发银行可向社会发行一定数量的财政担保建设债券。⑥向国外筹集资

179

金。需要国家开发银行配置一定规模国内资金的外国政府贷款和国际金融组织长期优惠贷款项目，由财政部、中国人民银行、外经贸部等对外窗口单位，将相应的外国政府贷款和国际金融组织贷款按原贷款条件向国家开发银行统一转贷。根据国家利用外资计划，国家开发银行可以筹措国际商业贷款。经国家批准，国家开发银行可在国外发行。⑦按国务院规定，6个国家专业投资公司安排用于固定资产投资项目的专项建设基金和专项资金，转由国家开发银行统筹安排使用，原定使用范围、内容和划定的比例不变。⑧中国人民银行根据国家信贷计划，统一安排国家开发银行的重点建设资金来源，并予以保证。国家开发银行出现头寸短缺时，中国人民银行提供临时贷款。[①]

根据国家的发展规划、生产力布局和产业政策，国家开发银行配置资金的对象是国家批准立项的基础设施、基础产业和支柱产业大中型基本建设、技术改造等政策性项目及其配套工程（以下简称"两基一支"）。主要包括：①制约经济发展的"瓶颈"项目；②直接关系增强综合国力的支柱产业中的重大项目；③重大高新技术在经济领域应用的项目；④跨地区的重大政策性项目；⑤其他政策性项目。国家开发银行承担和覆盖的政策性项目的具体行业和范围，由国家计委、国家经贸委、财政部和国家开发银行按照上述原则，并根据资金承受能力共同商定。[②]

---

① 《国家开发银行史》编辑委员会编著《国家开发银行史（1994-2012）》，中国金融出版社，2013，第20、21页。
② 《国家开发银行史》编辑委员会编著《国家开发银行史（1994-2012）》，中国金融出版社，2013，第21页。

(二) 中国农业发展银行

中国农业发展银行主要承担国家政策性农村金融业务，代理财政性支农资金拨付，负责粮棉油收购、调销、储备贷款业务等。设立中国农业发展银行的目的，是为了集中一部分资金解决农业和农村经济发展的合理的政策性资金需要。在三家政策性银行中，农发行所担负的非营利政策性贷款业务最多，其不良贷款率也相对较高。[1]

1994年根据"人、农、工、建"四总行的联合部署，中国农业银行和中国工商银行开始向农业发展银行划转农业政策性信贷资产与负债，到6月30日完成划转任务，共划转信贷资产约2500亿元，同时等额划转了主要由开户企事业单位存款和中国人民银行再贷款构成的负债。7月1日，中国农业发展银行开始全面代理中国农业银行的政策性业务。[2]

中国农业发展银行接管的政策性贷款应包括以下内容：

①各家专业银行承担的国家粮、棉、油收购、储备贷款，粮食系统粮油加工、批发企业的贷款和棉花收购部门的棉花初加工企业贷款；

②中国人民银行开办的老少边穷地区贷款，县办工业企业贷款；

③中国农业银行发放的国务院确定的扶贫贴息专项贷款，农业综合开发贷款；

---

[1] 李扬等：《新中国金融60年》，中国财政经济出版社，2009，第162页。
[2] 中国农业发展银行办公室编《农村金融改革的新篇章——组建中国农业发展银行实录》，内部出版，1994，第7页。

④中国农业银行、中国工商银行、中国建设银行自办的扶贫专项贷款。[①]

从中国农业发展银行的贷款结构来看,农副产品贷款占大头,1996年农副产品贷款占总贷款的90%以上,1997年也在80%以上。从贷款结构来看,发放的远大于收回的。粮棉油加工贷款、开放性贷款等也在中国农业发展银行的服务范围内(具体参见表5-7)。

表5-7 中国农业发展银行各项贷款累计发放与收回(1997年)

单位:亿元

	累计发放			累计收回		
	1996年	1997年	比上年增减	1996年	1997年	比上年增减
各项贷款合计	5802.91	8109.07	2306.16	4239.94	5723.38	1483.44
一 农副产品贷款小计	5223.36	6646.27	1422.91	3898.59	5097.58	1198.99
(一)国家专项储备贷款	872.17	1152.17	280.00	497.03	747.91	250.88
1.国家粮油专项储备贷款	599.30	984.59	385.29	417.03	660.86	243.83
2.国家棉花专项储备贷款	237.28	116.55	-120.73	53.32	38.37	-14.95
3.国家其他专项储备贷款	35.59	51.03	15.44	26.68	48.68	22.00
(二)粮棉油收购贷款	3544.17	4563.57	1019.40	2684.46	3502.67	818.21

---

① 中国农业发展银行办公室编《农村金融改革的新篇章——组建中国农业发展银行实录》,内部出版,1994,第219页。

续表

	累计发放			累计收回		
	1996年	1997年	比上年增减	1996年	1997年	比上年增减
1. 粮油收购贷款	2695.96	3471.40	775.44	1971.19	2653.74	682.55
2. 地方粮油储备贷款	271.60	328.23	56.63	181.29	247.04	65.75
3. 棉花收购贷款	576.61	763.94	187.33	531.98	601.89	69.91
(三) 其他农副产品收购贷款	38.00	37.02	-0.98	25.13	29.37	4.24
(四) 农副产品调销贷款	769.02	893.51	124.49	691.97	817.63	125.66
1. 粮油调销贷款	614.02	691.55	77.53	585.72	652.94	67.22
2. 棉花调销贷款	151.91	199.77	47.86	104.11	161.80	57.69
3. 其他农副产品调销贷款	3.09	2.19	-0.90	2.14	2.89	0.75
二 粮棉油加工贷款小计	288.65	391.81	103.16	230.77	321.49	90.72
(一) 加工企业流动资金贷款	265.31	358.36	93.05	213.12	300.20	87.08
(二) 加工企业固定资产贷款	23.34	33.45	10.11	17.65	21.29	3.64
三 开发性贷款小计	245.27	477.64	232.37	73.52	205.26	131.74
(一) 扶贫贴息贷款	52.47	63.87	11.40	23.06	39.55	16.49
(二) 扶贫贷款	38.54	90.25	51.71	10.40	26.99	16.59
(三) 农业基建技改贷款	45.94	122.65	76.71	6.40	39.27	32.87
1. 农业基本建设贷款	18.96	66.96	48.00	3.10	17.64	14.54

续表

	累计发放			累计收回		
	1996年	1997年	比上年增减	1996年	1997年	比上年增减
2. 农业技术改造贷款	26.98	55.69	28.71	3.30	21.63	18.33
(四) 农业综合开发贷款	84.15	159.47	75.32	28.70	82.04	53.34
(五) 林业治沙贷款	24.13	42.40	18.27	4.92	17.41	12.49
四 人行划转专项贷款		522.05		38.03		-484.02
五 其他贷款	45.63	70.30	24.67	37.06	61.02	23.96
(一) 其他贷款	40.27	69.03	28.76	31.98	59.75	27.77
(二) 贴现	5.36	1.27	-4.09	5.08	1.27	-3.81

资料来源：中国农业发展银行：《中国农业发展银行统计年鉴（1998）》，中国统计出版社，1998，第22~23页。

（三）中国进出口银行

中国进出口银行于1994年4月26日由国务院决定设立的，并于1994年7月1日正式开业。中国进出口银行的主要任务是执行国家产业政策、外贸政策和金融政策，为机电产品、高新技术产品出口和大型成套设备等资本性货物出口提供出口信贷、担保和保险，为海外经济合作提供政策性金融支持。[1]

从1995年4月1日起，原对外经济贸易合作部所属中国对外经济贸易信托投资公司（FOTIC）办理的外国政府转贷款业务，划归中国进出口银行管理，中国进出口银行成为外国政府和国际

---

[1] 陈筱敏：《进出口银行的理论与实务》，中国商业出版社，2006，第18页。

金融机构贷款的主要转贷行;同年,我国政府按照国际通行做法开办对外优惠贷款,中国进出口银行成为中国政府唯一的承办对外优惠贷款的银行。①

①为机电产品和成套设备等资本性货物出口提供出口信贷(卖方信贷、买方信贷);

②与机电产品出口有关的外国政府贷款、混合贷款、出口信贷的转贷,以及中国政府对外国政府贷款、混合贷款的转贷;

③国际银行间的贷款,组织或参加国际、国内银团贷款;

④出口信用保险、出口信贷担保、进出口保险和保理业务;

⑤在境内发行金融债券和在境外发行有价证券(不含股票);

⑥经批准的外汇经营业务;

⑦参加国际进出口银行组织及政策性金融保险组织;

⑧进出口业务咨询和项目评审,为对外经济技术合作和贸易提供服务;

⑨经国家批准和委托办理的其他业务。②

中国进出口银行1994年12月28日,共评审批准出口卖方信贷项目25个,批准贷款金额28.6亿元,实际发放贷款20亿元。在已批准的贷款项目中,成套设备占52.5%,船舶占33.3%,其他机电产品占14.2%。发放的贷款以中长期为主,贷款期限最长的6年,最短的8个月。其中包括亚太Ⅱ号卫星发射服务、801国际通信卫星、船舶、电站及输变电设备、筑路机械、工程机械等一批大的出口卖方信贷项目。中国进出口银行的上述贷款完全

---

① 陈筱敏:《进出口银行的理论与实务》,中国商业出版社,2006,第235页。
② 赵京霞:《进出口银行的国际比较》,中国青年出版社,1996,第206~207页。

用于支持中央和地方高技术含量和高附加值产品的出口。贷款项下的产品出口到 17 个国家和地区，既有发展中国家，也有美国、德国、挪威、日本，加拿大等发达国家。据中国进出口银行的统计，当年支持出口创汇 7.11 亿美元，平均换汇成本每美元 7.29 元人民币，平均每百元人民币贷款支持出口企业净创汇 21.6 美元，实现利润 30 元人民币。[①]

四 股份制商业银行与城市商业银行的发展

现代商业银行是金融业中重要的中介机构，是作为融资交易关系和金融资源配置借以实现的重要载体。商业银行集中社会闲置资金为市场提供间接融资服务，是间接融资最重要的主体。随着我国建立社会主义市场发展，对于银行的需求日益增加，股份制商业与城市商业银行纷纷发展起来。这些银行虽然规模较小，但是体现出了较强的市场活力。

（一）股份制商业银行的发展

1. 交通银行的发展

在社会主义市场经济体制改革的背景下，交通银行也进行了体制变革。实行全行一个法人体制。统一法人体制提升了交通银行的信誉。1994 年经过国际著名信用评级机构——美国穆迪公司和标准普尔公司的信用评级，取得了与国家资信评级一致的级别，在日本东京又成功地发行了 120 亿日元的武士债券。[②]

[①] 赵京霞：《进出口银行的国际比较》，中国青年出版社，1996，第 209 页。
[②] 交通银行总行编《交通银行史料（上册）》第三卷（1986~2001），中国金融出版社，2006，第 455 页。

交通银行实行统一法人体制后，至 1994 年末，全行实收资本为 108.3 亿元，股东权益为 168.42 亿元（其中未分配利润 32.76 亿元）。在现有资本金中，国家股为 57.86 亿元，企业法人股为 50.44 亿元，分别占股份总额的 53.43% 和 46.57%，实有股东户数为 3668 户。①

交通银行在这一时期支持了一大批国有企业的发展。例如 1997 年交通银行上海分行向上海宝山钢铁（集团）公司新增 5000 万美元流动资金贷款，期限一年；原 5000 万美元流动资金贷款展期一年。上述贷款免予担保。②

1997 年交通银行向上海分行上海市电力公司和杨树浦发电厂追加发放 4.8 亿元总分行技术改造联合贷款（简称技改贷款），期限 5 年，技改贷款由中国华东电力集团公司担保。技改贷款的资金规模于 1998 年由总行下达，贷款资金由总分行各解决 2.4 亿元。同时，为保证电厂一台机组于 1997 年内并网发电，总行还同意上海分行于 1997 年内向上海市电力公司发放 3 亿元流动资金贷款，期限 1 年，贷款免予担保。贷款规模和资金分别由总分行各解决 1.5 亿元，1998 年技改贷款发放后，3 亿元流动资金贷款即予收回，总行解决的规模和资金亦相应收回。③

---

① 交通银行总行编《交通银行史料（上册）》第三卷（1986~2001），中国金融出版社，2006，第 438 页。
② 交通银行总行编《交通银行史料（上册）》第三卷（1986~2001），中国金融出版社，2006，第 465 页。
③ 交通银行总行编《交通银行史料（上册）》第三卷（1986~2001），中国金融出版社，2006，第 467 页。

2. 新兴股份制银行的成立与发展

新兴股份制银行也取得了蓬勃的发展。

1992年,根据邓小平同志的战略构想,江泽民同志在党的十四大报告中指出:"以上海浦东开发开放为龙头,进一步开放长江沿岸城市,尽快把上海建成国际经济、金融、贸易中心之一,带动长江三角洲和整个长江流域地区经济的新飞跃。"这一决策既为上海在全国经济发展中的战略地位定下了基调,也进一步加快了上海浦东发展银行的组建步伐。

1992年10月,经中国人民银行银复〔1992〕350号文批准,由上海市财政局、上海国际信托投资公司、上海久事公司等18家单位作为发起人,以定向募集的方式设立了上海的第一家区域性、综合性的股份制商业银行——上海浦东发展银行,并于1992年10月19日在浦东新区登记成立,1993年1月9日正式开业,注册资本金为10亿元人民币,股东包括地方财力及影响较大、实力雄厚、管理良好的100多家大型企业和单位。[①] 这一时期华夏银行、民生银行等新兴股份制商业银行新建,而且体现出良好的经营势头。

1992年10月华夏银行成立,注册资本金25亿元。华夏银行是一家全国性股份制商业银行,具有独立法人资格,实行一级法人体制和董事会领导下的行长负责制。华夏银行总行设在北京,在南京、杭州、上海、济南、昆明、深圳、沈阳、广州、重庆、

---

① 金运、陈辛主编《银行再造:浦发银行重组上市的探索与前瞻》,上海人民出版社,2000,第86页。

武汉、石家庄、太原、大连、青岛、温州等经济、金融资源丰富的 20 个国内大中城市设立了 150 余家分支机构。[1] 1996 年 1 月中国第一家主要由民营企业投资的全国性股份制商业银行——中国民生银行成立。中国民生银行募集的股本金达到 13.8 亿元，其中 80% 来源于民营企业。中国民生银行是由中华全国工商业联合会牵头组建的，全国政协副主席、全国工商联主席经叔平先生任董事长。[2] 中国民生银行建立了人才聘用、调配、选拔的科学管理制度，打破了"大锅饭"。中国民生银行成立之初，就将服务领域定位于重点支持民营企业，为民营企业提供各种金融服务。1998 年中国民生银行和各地分行确定的重点客户中，有 70% 以上是非国有制企业。[3] 中国民生银行从 1996 年开业当年即取得盈利。并且从 1996 年到 1999 年，净利润、资产总额都保持了高速增长，增长率分别为 88%、17%、54% 及 117%、37%、44%。特别是在 1998~1999 年国内出现通货紧缩、许多商业银行业绩下滑的情况下，该行仍取得了较高的增长率。2000 年，中国民生银行已在北京、上海、广州、深圳、武汉、大连、杭州、南京设有 8 家分行级机构和 39 家支行，并在 69 个国家和地区发展了 401 家代理行。[4] 中国新兴股份制商业银行的发展情况及与国有四大国有商业银行的比较见表 5-8、表 5-9、表 5-10。

---

[1] 陈文晖、杨天翔编著《中国行业结构全景透视》，中国物价出版社，2003，第 183 页。
[2] 黄桂昌：《中国民生银行在京成立》，《中国工商》1996 年第 2 期。
[3] 王金成：《民生银行"反哺"民营企业》，《决策与信息》1999 年第 3 期。
[4] 金文龙：《民生银行：中国股份制商业银行的佼佼者》，《国际金融报》2000 年 11 月 26 日。

表 5-8　中国新兴股份制商业银行发展情况比较（1998 年 12 月 31 日）

单位：亿元人民币

	成立时间	总资产	利润	存款	存贷比	逾期率	分支机构情况
上海浦东发展银行	1993.1	874.70	11.62	707.39	68%	8%	10 家直属分支行，网点总数 158
招商银行	1987.4	1500.0	20.00	949.00	74%	10%	15 个城市有分行，网点总数 166
中信实业银行	1987.9	1336.07	20.00	1010.25	57%	15%	14 个城市有分行，网点总数 179
光大银行	1992.9	752.00	13.00	491.48	79%	13%	16 个城市有分行，网点总数 99
广东发展银行	1988.9	1031.00	3.50	689.14	69%	21%	省外分行有 7 家，网点总数 273
华夏银行	1992.12	500.00	4.90	374.27	60%	5%	15 个城市有分行，网点总数 55
深圳发展银行银行	1987.12	394.10	8.53	313.96	76%	20%	7 个城市有分行，网点总数 114
福建兴业银行	1988.8	343.00	2.40	243.58	68%	14%	3 个城市有分行，网点总数 219
民生银行	1996.12	252.00		184.88	59%	5%	国内有 5 家分行机构，支行 12 家

资料来源：金运主编《银行再造 浦发银行重组上市的探索与前瞻》，上海人民出版社，2000，第 18 页。

表 5-9 四大国有商业银行与新兴股份制商业银行比较（一）

(1998 年 12 月 31 日)

单位：亿元人民币

	资产总额 （占比）	所有权者权益 （占比）	贷款总额 （占比）	存款总额 （占比）
四大国有 商业银行	94688.24 (88.90%)	4469.51 (87.31%)	53611.02 (90.65%)	60378.85 (88.33%)
新兴股份制 商业银行	11822.09 (11.10%)	649.36 (12.69%)	5529.44 (9.35%)	7978.9 (11.67%)
合计	106510.3 (100.00%)	5118.87 (100.00%)	59140.46 (100.00%)	68357.75 (100.00%)

资料来源：金运主编《银行再造 浦发银行重组上市的探索与前瞻》，上海人民出版社，2000，第 18 页。

表 5-10 四大国有商业银行与新兴股份制商业银行比较（二）

(1998 年 12 月 31 日)

	税前利润 （亿元人民币）	资产利润率（%）	资本利润率（%）
四大国有商业银行	90.32	0.10	2.02
新兴股份制商业银行	114.41	0.97	17.62

资料来源：金运主编《银行再造 浦发银行重组上市的探索与前瞻》，上海人民出版社，2000，第 18 页。

（二）城市商业银行

1993 年 12 月，国务院在《关于金融体制改革的决定》中明确城市合作银行是我国商业银行体系之一，按合作制建立城市合作银行，其主要任务是为中小企业和地区经济发展服务。之所以在名称中保留"合作"二字，反映这种商业银行主要由原信用合作社组建而成，其性质已经不属于合作金融组织，而是股份制商业银行。1995年初召开的人民银行行长会议上，国务院副总理兼中国人民银行行长朱镕基提出，首先在北京、天津、上海、深圳和石家庄等五个城市组建城市合作银行的试点；6月，中国第一家城市商业银行——深圳城市合作商业银行成立。[①]

深圳城市合作商业银行集中了深圳原16家信用合作社的资本金，还通过扩大股权吸收了部分国有股和法人股，注册资本达到18亿元人民币。深圳地方政府将深圳城市合作商业银行作为"自己的银行"，将深圳城市合作商业银行作为深圳地方财政信用制定的代理银行。深圳地方财政可以用于周转使用的财政信用资金一律由该行采取全权定向委托贷款和非定向委托贷款的形式进行规范管理。而且深圳城市合作商业银行实行的是金融资产负债比例管理，做到总量平衡、合理调剂，资产流动性、效益性较高。改变了原城市信用社由于受到狭小的组织规模和低级组织形式的限制。[②] 而且深圳城市合作商业银行克服了其他专业银行转轨较慢的问题，较好满足了深圳地区企业的金融需求。

1995年9月7日国务院发布《关于组建城市合作银行的通知》，决定在撤并城市信用社的基础上，在35个大中城市分期分批组建由城市企业、居民和地方财政投资入股的地方股份制性质的城市合作银行。对不符合中国人民银行发布的《城市信用合作社管理办法》规定的城市信用社，原则上都应加入城市商业银行，实行全行统一核算的财务管理制度，对加入城市商业银行的

[①] 范香梅：《中小金融机构发展史话》，湖南大学出版社，2011，第205页。
[②] 刘群：《深圳城市商业合作银行》，《特区经济》1996年第1期。

城市信用社，要在清产核资、清理财政信用的基础上进行股权评估，然后统一向城市商业银行入股，城市信用社原有的公共积累不得私分或转移。①

到1997年年底，全国已有70多家城市合作银行开业。在发展过程中，主管部门进一步认识到，这些根源于城市信用合作社的新型城市金融机构，事实上基本没有合作性质，它们更接近商业银行，因此，冠以"合作"二字，可能产生误导。鉴于此，中国人民银行决定将这些银行更名为城市商业银行。1998年，城市合作银行全部改名为城市商业银行。②

第三节 中俄银行体制比较（1992~2000）

1992年以后中俄都选择了加快市场化改革的步伐。俄罗斯选择了"休克疗法"，而中国选择建立社会主义市场经济。在这个背景下，中俄银行体制都进行了较快的演变。经过20世纪80年代的改革，银行已经初步形成了竞争体系；但这一时期银行体制改革难以适应商品经济快速的发展。在20世纪80年代改革的基础之上，两国开始推进银行体制的变革。

第一，俄罗斯选择了"休克疗法"。在金融自由化的指导思想下，俄罗斯放开了私人资本对建立银行的控制，降低了准入门槛。这导致了银行数量迅速膨胀。而且俄罗斯的工业资本和金融

---

① 宋瑞敏、李燕：《地方金融风险研究：现状、对策》，中南大学出版社，2011，第40页。
② 李扬等：《新中国金融60年》，中国财政经济出版社，2009，第159、160页。

资本融合，出现了金融工业集团，不仅在经济领域形成了垄断，还左右俄罗斯的政治领域。虽然俄罗斯在改革过程中形成了两级银行体制，但俄罗斯当时的恶性通货膨胀，又使银行业务集中在国债投资和外汇市场，对实体经济作用有限，俄罗斯银行发展陷入困境。

第二，中国渐进的改革步骤。这一时期中国一方面加速了将专业银行商业化的步伐，进一步繁荣了金融市场；另一方面将政策性银行剥离，让专业银行专注于商业经营。为让商业银行摆脱历史包袱，还成立了新兴资产管理公司，剥离不良贷款。政府还推动了股份制商业银行与城市银行的发展。在四大国有商业银行之外，已经形成了一个更贴近市场的银行体系，这进一步倒逼四大国有商业银行加速改革。正是由于体制内和半体制外的银行之间的竞争与摩擦，推动了中国银行体制的改革。

第三，中俄选择的银行体制不同。俄罗斯选择了综合银行体制，而中国则选择了分业经营的单一银行体制。综合银行体制允许银行投资证券、外汇和贵金属的交易，还可以进行保险、基金管理等非金融业务。俄罗斯在转轨过程中强调金融自由化，尽可能减少国家对商业银行的干预。在综合银行体制下，许多银行选择了利润较高的证券投资，导致了证券市场的"泡沫经济"。最终成为1998年俄罗斯发生金融危机的重要原因之一。中国虽然在20世纪80年代一度允许银行实行混业经营，但是在1993年明确选择了风险较小的分业经营体制，避免了改革过程中出现过大金融风险的问题。但是分业经营也有其弊端，无法满足客户的多元化需求，也限制了银行本身的营利范围。在90年代中后期，中国也进行了部分银行混业经营的改革尝试。

第四，中国和俄罗斯两国银行体制改革的宏观环境不同，而银行体制改革又反作用于外部的宏观环境。中国在银行体制改革期间始终保持了经济的高速发展和政治稳定，而俄罗斯经济在银行体制改革之时则急剧下滑，通货膨胀严重。最终在 1998 年金融危机的冲击下，俄罗斯银行体制濒临崩溃，引发了俄罗斯严重的金融危机。中国银行则表现出了较好的表现，成功抵御了 1998 年金融危机的冲击。

第六章

21世纪银行体制变革与发展

第一节　普京时期银行体制变革

20世纪90年代作为苏联最大的继承者俄罗斯选择激进的"休克疗法",推动计划经济向市场经济的转型,俄罗斯商业银行体系也迅速膨胀,银行业无序发展。1998年俄罗斯金融危机的原因之一就是银行体制的不完善。2000年普京出任俄罗斯总统之后开始加强对银行体系的整顿,认为俄罗斯应该把没有生命力的金融机构清除出银行系统,保证银行活动的透明度[①]。经过整顿银行体系,加强银行监督等措施,俄罗斯银行体制逐步规范。

一　普京时期俄罗斯经济改革与发展

1999年8月普京担任俄罗斯总理,1999年12月31日,叶利钦突然宣布,提前辞去总统职务,并指定普京做代总统,至此

---

① 陆南泉:《苏联经济体制改革史论》,人民出版社,2007,第760页。

"普京时代"到来。2000年前后正是俄罗斯经济最为困难的时候，普京提出了富民强国的竞选纲领，在坚持经济市场化大方向基础上，开始着重对叶利钦时期转轨中存在的问题进行处理。

20世纪90年代，俄罗斯出现了经济萧条、政权软弱、社会秩序混乱等问题。1991~1998年，俄罗斯经济平均以每年6.5%的速度衰退，其中1992年和1994年衰退幅度分别达14.50%和12.70%。90年代俄罗斯GDP几乎减少了一半，1998年GDP总量和人均GDP只有1990年的58%。1999年的俄罗斯经济实力只相当于改革前的大约25%。俄罗斯经历了本国历史甚至整个世界历史上前所未有的经济衰退。1999年按购买力平价计算的GDP总额为8877亿美元，不足美国的1/10，占世界经济规模的比重从1990年的3.36%下降到1999年的1.6%，俄罗斯在世界经济规模排名中滑落到第10位。1999年人均GDP为6067美元，相当于美国的20%，排在世界第40位。政府预算赤字连年增加，1991年还只有376亿卢布，1992年猛增到6419亿卢布，1993年冲高到79136亿卢布，1994年进一步推高到创纪录的65.5万亿卢布，1998年更是达到146.3万亿卢布，占GDP总量的5.6%。1992年外汇储备资产只有19.5亿美元（不含黄金储备），直到1999年也没有达到100亿美元。工业生产总值平均每年以9%的速度下降，1994年下降幅度高达21%。1998年只有1991年的50%，其中，机器制造和金属加工业只有41%，而轻工业生产衰退最严重，1998年其产量只有1991年的14%。主要产品生产陷于停顿，1999年金属切削机床的产量只有1991年的11%。1998年拖拉机产量只有1991年的5%。农业生产总值平均每年以6.1%的速度减少，1998年农业生产值不足1991年的60%，谷物产量只有1991年的54%。①

普京担任总统以后，在政治上强化中央权力，打击车臣分裂势力，维护国家统一；不断加强对新闻媒体控制，打击寡头势力，推动政党建设；逐步强化了普京的个人威望与权力，为俄罗斯经济发展创造了良好的外部环境。普京提出了富民强国的竞选纲领，在《千年之交的俄罗斯》这篇纲领性文章中提出了"俄罗斯思想"，强调了"国家观念"，突出国家的地位与作用，提出恢复俄罗斯大国和强国地位的构想。

在经济方面，普京强调"经济自由"，在2000年的《总统国情咨文》中说："我们极为重要的任务是学会利用国家工具保证各种自由：个人自由、经营自由、发展公民社会机构自由。"强调"我们的战略方针是：减少行政干预，增加经营自由——生产、买卖和投资的自由"。②普京针对叶利钦时期的问题，特别强调加强国家对经济的调控，《千年之交的俄罗斯》一文指出："俄罗斯必须在经济和社会领域建立完整的国家调控体系"；提出"只能采用渐进的、逐步的审慎的方法"，并且强调社会政策、反对重新私有化。为推进俄罗斯的现代化，普京还打击金融寡头，维护市场经济秩序。油价上升也为普京时期的经济发展创造了良好的外部环境，最终俄罗斯经济在普京时期得到了恢复和发展。

---

① 李新：《俄罗斯经济再转型：创新驱动现代化》，复旦大学出版社，2014，第9、10页。
② 〔俄〕普京：《普京文集（2002—2008）》，张淑华、李俊升、许华等译，中国社会科学出版社，2008，第81、86页。

2007年国内生产总值恢复到经济下滑前1989年的水平，人均实际收入还超过了1989年的水平（见表6-1）。银行作为俄罗斯市场经济的核心在这一时期也进行了新的调整。

表6-1 俄罗斯1990~1998（1999）年的社会经济危机及摆脱危机情况（与经济下滑前的1989年相比）

单位：%

指标	危机的低点	2007年
国内生产总值	56	100
工业	46	85
农业	54	80
投资	21	50
人均实际收入	53	125
失业（与有工资收入者人数相比）	13	6.5

资料来源：郭连成：《俄罗斯经济转轨路径与效应》，东北财经大学出版社，2009，第5页。

二 普京时期俄罗斯银行业的整顿

1998年金融危机之后，叶利钦就已经开始整顿银行业。普京上台后，大致花了两年时间，对俄罗斯银行业进行了进一步的整顿，将没有经营能力难以维系的银行清盘推出，有250家银行的经营许可证被吊销。到2001年9月，俄罗斯有银行1322家，这与1998年金融危机前的2600家相比减少了将近一半；银行的兼并与联合使银行资本日益集中，排名前10的大银行的资本总额占银行业资本总额的40%。[1]

---

[1] 陆南泉：《苏联经济体制改革史论》，人民出版社，2007，第775页。

| 中苏（俄）银行体制演变史：从"大一统"到市场化

普京时期俄罗斯政府建立以国家控股银行为核心的新的银行体系。为了提高银行的抗风险能力，俄罗斯政府严格执行关于资本充足率的规定，加强了银行资本的集中，法定资本金超过 500 万美元的大银行占银行总数的比重从 1998 年的 12.8% 增加到 2001 年的 17.4%，法定资本金不足 10 万美元的小银行的比重同期从 18.5% 减少到 9.7%。中央银行还制定了《居民储蓄存款保护法》，建立了银行储蓄保险制度。为了促使资金向生产领域流动，俄罗斯政府和中央银行整顿了金融市场，采取了信贷拍卖等刺激措施增加对生产企业的贷款。同时，加强了商业银行的管理和中央银行的监督，强调实行会计和报表的国际标准。[①]

进入 2002 年以后，俄罗斯中央银行政变了银行整顿的策略和重点，从过去直接介入商业银行财务重整，转为要求"问题银行"自主解决问题，中央银行将重点转到商业银行资本充足率管理上，促使商业银行提高资本充足率。同时，对确已无法生存下去的银行采取了清盘措施，仅 2002 年就清理了 71 家商业银行。[②]

经过重组之后，俄罗斯的银行主要可以分为三类，①包括储蓄银行和对外贸易银行在内的国有银行；②大的私人银行（包括复兴银行、汽车银行、梅纳捷普银行、阿尔法银行、苏尔古特石油天然气银行、天然气工业银行、俄罗斯银行、莫斯科银行等）；

---

① 许新主编《重塑超级大国：俄罗斯经济改革和发展道路》，江苏人民出版社，2004，第 198 页。
② 李中海主编《普京八年：俄罗斯复兴之路（2000—2008）（经济卷）》，经济管理出版社，2008，第 86 页。

③其他银行。

俄罗斯储蓄银行占据的市场份额进一步加大。由于在危机时期，几家大的私人银行倒闭，其零售业务都转移到了俄罗斯储蓄银行。在贷款业务方面，银行对实业部门的贷款较低（整个银行体系对实业部门的贷款大约不到30%），大部分集中在政府贷款和债券上。但是，对政府部门的贷款又主要由储蓄银行和外贸银行这两家大的国有银行控制。其中，俄罗斯储蓄银行控制了70%以上的政府部门贷款，70%以上的政府债券由该行承销，资本集中度也进一步加强。危机过后，俄罗斯中央银行给所控制的两家国有银行注入资本，并且冲销了一部分坏账损失。2000年，俄罗斯中央银行给俄罗斯外贸银行注入资本约7亿美元。到2003年3月，前5家最大银行的资产是20163.53亿卢布，占银行体系总资产的45.6%，前50家大银行的资产占银行体系总资产的74.2%，其余1000多家银行资产只占25.8%。[①] 但俄罗斯银行总资本规模不大，截至2003年初，俄罗斯银行总资本规模为212亿美元，仅为世界上最大的银行——花旗银行——资本额的40%。俄罗斯银行中除储蓄银行与对外贸易银行规模超大以外，其余都为中小型银行，注册资本小于1000万欧元的银行数量占银行总数的84.2%。[②]

2003年和2004年，俄罗斯银行总资产分别增长35.1%和27.4%，自由资本分别增长40.2%和16.2%，放贷额分别增长42.4%和39%，居民存款分别增长47.1%和29.7%。2004

---

① 高晓慧、陈柳钦：《俄罗斯金融制度研究》，社会科学文献出版社，2005，第191页。
② 杨胜刚：《比较银行制度》，北京大学出版社，2006，第241页。

年，银行体系总资产与 GDP 之比达到 42.5%，居民存款总额与 GDP 之比达到 11.7%，银行总资本与 GDP 之比达到 5.6%。[1]

但是 2004 年春夏之交爆发的银行业"局部危机"证明银行发展状况仍然不稳定。2004 年 5 月，俄罗斯中央银行吊销了"索德商业银行"的经营许可证，俄罗斯中央银行还部分停止了银行间贷款业务，导致储户恐慌，发生了大规模提款事件。俄罗斯中央银行为稳定局势，采取了一些措施，其中包括从 2004 年 6 月 15 日起，确定对商业银行实行统一的法定准备金率，从 7 月 8 日起，将法定准备金率从 7% 下调到 3.5%。同时，还为加入自然人存款保险系统的银行，在破产情况下如何返还自然人存款，紧急制定颁布了有关法律，恢复了居民对银行体系的信任。国有银行收购了这次"局部危机"中受损的银行，并继承了这些银行的全部债务，使这场危机最终得到解决。[2]

此外，从 2004 年 1 月 1 日起，俄罗斯开始建立稳定基金，将原油市场价格超过基准价格部分的石油超额税收收入计提并存入联邦稳定基金。联邦稳定基金的建立有利于吸纳银行体系过剩的流动性，起到了抑制通货膨胀的作用。2005 年，包括稳定基金在内的政府账户储备吸纳了 50% 以上的货币增量。[3]

---

[1] 李中海主编《普京八年：俄罗斯复兴之路（2000—2008）（经济卷）》，经济管理出版社，2008，第 87 页。
[2] 李中海主编《普京八年：俄罗斯复兴之路（2000—2008）（经济卷）》，经济管理出版社，2008，第 87 页。
[3] 李中海主编《普京八年：俄罗斯复兴之路（2000—2008）（经济卷）》，经济管理出版社，2008，第 86、87 页。

2009年初，俄罗斯商业银行数量已经从二级银行体制创立之初的3000多家减少到1108家（2008年1月1日为1136家）。[①] 在银行数量不断减少的同时，银行规模不断扩大，银行总资产保持了较高的增长率，银行总资产占GDP百分比也不断增加（俄罗斯银行业部分指标见表6-2）。

表6-2 俄罗斯银行业部分指标（2003~2008年）（截至各年年初）

单位：%

年份 指标	2003	2004	2005	2006	2007	2008
银行数量	1329	1329	1299	1253	1189	1136
银行总资产增长率 （年平均率）	14.1	20.1	14.0	23.1	32.1	28.8
银行总资产占GDP 百分比	38.3	42.3	41.7	44.8	51.9	60.8
银行资本占GDP 百分比	5.4	6.2	5.6	5.7	6.3	8.1
银行资本在总资产中 的比重	14.1	14.7	13.4	12.7	12.1	13.3
股本收益率（ROE）	18.0	17.8	20.3	24.2	26.3	22.7

资料来源：转引自米军《俄罗斯金融改革回顾与展望》，中国社会科学出版社，2012，第113页。

三 普京时期的俄罗斯银行体系

（一）中央银行

普京时期制定新的《中央银行法》，强化中央银行的独立地

[①] 李建民主编《曲折的历程·俄罗斯经济卷》，东方出版社，2015，第152页。

位，扩大中央银行权限，加强中央银行对商业银行的监管职能。2002年7月，俄罗斯总统普京批准了新的《俄罗斯联邦中央银行（俄罗斯银行）法》（简称《中央银行法》）。该法确定了中央银行的地位、活动目标、职能和权限，强化了中央银行的调控和监管职能。中央银行法律地位的最重要特征是独立性，独立于中央政府和地方政府，同时，中央银行对商业银行的具体业务不予干预。中央银行的主要职能是与政府共同制定并实施国家统一货币信贷政策，对货币现金的发行及组织货币现金的流通有垄断性权力；中央银行是信贷机构的最后贷款人，为此建立对其他各级信贷机构的再贷款制度；对黄金外汇储备进行有效管理；对信贷机构和银行集团的活动进行监管；组织并实施外汇调控和外汇监管。根据《中央银行法》的规定，俄罗斯银行业发展问题以及银行调节和监管问题是中央银行国家银行委员会的职能，该委员会成员包括总统代表、立法和执行权力机关的代表、中央银行行长。中央银行对国家杜马负责，每年定期向国家杜马提交银行业状况及发展情况的报告。[1]

通过这部法律，中央银行不仅被赋予了监管信贷机构的权力，还被赋予了监管银行集团的权力，中央银行可对银行集团提出强制性要求；明确了中央银行对商业银行违反强制性储备的行为可进行罚款的办法；扩大了中央银行对信贷机构的监管权限，即中央银行有权禁止信贷机构重组，如果重组后的信贷机构仍存在破产风险，中央银行有对信贷机构采取措施提高自有资金（资

---

[1] 李中海主编《普京八年：俄罗斯复兴之路（2000—2008）（经济卷）》，经济管理出版社，2008，第84、85页。

本）规模，使其满足一定要求的建议权，根据《关于银行与银行活动法》和新的《中央银行法》，中央银行可对信贷机构领导人人选提出专业要求，如收购信贷机构 20% 以上的股份，须经过中央银行预先同意；收购信贷机构 5% 以上的股份，须向中央银行报备。[1]

（二）俄罗斯储蓄银行

俄罗斯联邦股份制的商业储蓄银行（简称俄罗斯储蓄银行）根据俄罗斯联邦政府《关于银行和银行活动法》所成立，形式为开放的股份制公司。

俄罗斯储蓄银行的创始人和主要股东是中央银行（持股超过 57%）。它是唯一一家不仅由中央银行监管，而且由中央银行持股的银行。它的股东包括超过 20 万个法人和自然人。俄罗斯储蓄银行于 1991 年 6 月 20 日在俄罗斯联邦中央银行注册成立。

俄罗斯储蓄银行是俄罗斯联邦中最大的银行。其资产总额超过该国银行资产总额的 1/4（达 27%，截至 2010 年 6 月 1 日）。根据《银行家》（2010 年 7 月 1 日）杂志的数据，俄罗斯储蓄银行的核心资本（一级资本）数额在世界银行排名中位居第 43 位。俄罗斯储蓄银行已成为一个全球性的商业银行，拥有稳定的客户基础，并在金融市场的各个环节运行自如，通过其超过 2 万家分行的网点为覆盖全国 11 个时区的 130 万企业用户提供银行服务，并且拥有 2.5 亿个零售账户，在 2012 年财富世界 500 强排行榜中

---

[1] 李中海主编《普京八年：俄罗斯复兴之路（2000-2008）（经济卷）》，经济管理出版社，2008，第 85 页。

排名第 304 位。

俄罗斯储蓄银行的活动（截至 2006 年 4 月 1 日）：

① 总资本：2731 亿卢布；

② 利润额：251 亿卢布；

③ 纯利润：218 亿卢布；

④ 贷款组合：20072 亿卢布，其中企业贷款（不包括同行拆借）：14532 亿卢布；

⑤ 个人账户余额：15748 亿卢布；

⑥ 俄罗斯储蓄银行在各商业银行的自然人存款总余额中所占比例（2006 年 2 月 1 日）：卢布为 58.2%；外币为 41.1%；

⑦ 法人资本余额：5985 亿卢布；

⑧ 分行网络：有区域银行 17 家，办事处：959 家，内部组织单位：19325 家。[①]

（三）其他商业银行的发展

2007 年 7 月 1 日，俄罗斯信贷机构的总数降至 1165 家，比 2001 年减少了 146 家。其中，资本额超过 500 万欧元的信贷机构的数量增加了 34 个，占现有信贷机构总数的 60.9%。外资银行 77 家，其中 15 家银行按资产进入前 50 强之列。外资银行占俄罗斯银行总资产的比重达到 14%，资本总额比重达 13%。2007 年上半年，信贷机构收入达到 2210 亿卢布，利润总额达到 2218 亿卢布，盈利银行占比高达 97.5%。外资银行主要指标增长速度超过

[①] 上官领会：《俄罗斯的银行体系》，载对外经济贸易大学金融学院主编《中国金融问题探索文集》，中国商务出版社，2014，第 393 页。

银行体系总体水平。银行业主要指标（总资产、总资本、放款总额、居民存款总数）均呈上升势头，2007年上半年银行业资产总额达到17.2万亿卢布，总资本达2.3万亿卢布。[1] 俄罗斯民营银行主要以俄罗斯天然气工业公司银行、国际工业银行（IIB）、莫斯科世界商业银行（MDM）、阿尔法银行、圣彼得堡工业建筑银行（ICB）等大型银行为代表。大银行和附属于大型石油天然气公司的银行集团，集中了银行体系31%的资产，它们中大多数是和出口导向型、具有高盈利率的石油天然气工业和金融业的大型公司相关联，这些大银行集团主要服务于该领域大公司的信贷和固定账户的支付结算。其中，对这些行业的贷款占该类大银行信贷总存量的79%。[2]

在这一时期，俄罗斯银行业出现了集中的倾向，前十大银行市场占有份额的将近50%强（见表6-3）。

表6-3 俄罗斯的十个最大的银行的资产及所占市场总资本的份额

银行	资产（十亿美元）	占市场份额（%）
俄罗斯联邦储蓄银行（Sberbank）	131	25.34
俄罗斯天然气工业银行（Gazprombank）	27	5.22
俄罗斯外贸银行（Vneshtorgbank）	27	5.22
阿尔法银行（Alfa-Bank）	14	2.71
莫斯科银行（Bank of Moscow）	13	2.51

---

[1] 李中海主编《普京八年：俄罗斯复兴之路（2000-2008）（经济卷）》，经济管理出版社，2008，第90页。
[2] 米军：《当前俄罗斯银行体系发展战略评析》，《东北亚论坛》2009年第1期。

续表

银行	资产（十亿美元）	占市场份额（%）
Uralsib 银行（Bank of Moscow）	11	2.13
俄罗斯银行（Rosbank）	10	1.93
莫斯科国际银行（International Bank of Moscow）	9	1.74
俄罗斯农业银行（Rosselkhozbank）	9	1.74
来富埃森银行（Raiffeisenbank）	8	1.55
其他	258	49.90

注：数据截至 2007 年 1 月。
资料来源：余南平、潘登：《俄罗斯金融部门对俄罗斯经济增长作用研究》，《俄罗斯研究》2008 年第 3 期。

（四）政策性银行

俄罗斯在这一时期还成立了政策性银行，以推动国家经济政策的实施。2007 年 5 月，俄罗斯总统签署《发展银行法》，将俄罗斯对外经济银行改组成为"开发与对外经济活动银行"（以下简称开发银行），法律地位为国有公司。作为国有政策性银行，其活动的目标是通过对俄罗斯及境外项目的落实，进行投资、对外经济、保险、咨询等活动，提高俄罗斯经济的竞争力，实现经济多样化，促进投资活动，其中包括吸引外资，发展基础设施、创新活动、经济特区、保护环境、支持国产商品、劳务和服务出口，支持中小企业发展。建立发达的基础设施是开发银行重点支持的领域。截至 2012 年初，在开发银行的全部贷款余额中，基础设施项目占比 34.7%。2010 年，俄开发银行通过了"2011~

2015 促进城市和地区发展融资计划",决定每年投入 20 亿卢布,主要支持国家机关或地方自治机关设立的社会基础设施项目筹建公司(包括准备法律文件、技术经济论证等)。2011 年,开发银行成立了"远东和贝加尔地区发展基金"股份有限公司,注册资本 5 亿卢布,主要方向是参与实施地区基础设施项目,促进远东和贝加尔地区社会经济综合开发,提高向该地区(共包括 12 个联邦主体)投资的吸引力。为推动俄罗斯的出口,开发与对外经济活动银行还利用多种工具和形式支持国家出口,包括提供高技术产品的出口信贷和买方信贷,提供担保和开立信用证。主要支持领域包括国防工业产品、航空制造、交通、特种机械和能源机械制造。截至 2012 年 1 月,开发银行为支持出口提供的贷款总额为 70 亿卢布,担保额度为 446 亿卢布。支持的项目包括,为厄瓜多尔的一家公司提供 12 亿美元银团贷款,支持其购买俄罗斯统一电力公司的能源设备;为白俄罗斯开发银行提供 89 亿美元授信,支持其购买俄罗斯能源设备;计划为安哥拉电信和信息技术部提供银团贷款,支持安方购买俄罗斯"能源"火箭太空集团产品,建立本国广播通信太空系统。[1] 此外,俄罗斯政府还大力扶持俄罗斯农业银行等政策性银行的发展。俄罗斯农业银行成立于 2000 年。该银行是国家农业信贷政策的实施银行,资产总额 2000 亿卢布,资本总额 45 亿卢布,在俄罗斯银行业中分别排名第 10 位和第 13 位,私人存款额占第 43 位;其分支网络仅次于储蓄银行,在俄罗斯排第二位。国家向农业银行的借款人提供信贷优惠

---

[1] 潘成龙:《解析俄罗斯开发与对外经济银行的建立与实践》,《俄罗斯研究》2013 年第 4 期。

和补贴。俄罗斯农业银行不仅向农业企业和农场提供信贷,也向农村居民提供小额信贷。[1]

四 后金融危机时期俄罗斯银行的发展与困境

2008年下半年,国际金融危机对俄罗斯银行业产生了巨大的冲击。受美国次贷危机的影响,俄罗斯银行传统的融资渠道受阻,负债结构发生变化。全球金融危机爆发后,俄罗斯银行的资金主要来自央行、联邦预算和国有企业在商业银行的存款。到2009年1月1日,资金总量达到12%,占银行总体负债的12%。2008年来自银行以外的资金增长24.4%(2007年为47.2%),达到87746亿卢布。其中,银行负债的比重从35%降至31.3%。金融危机导致居民对银行的预期和信心下降,卢布存款缩减,外汇存款增加。10月卢布存款缩减8.8%,居民对外汇的需求量增加,10月现汇交易额从34亿美元增至89亿美元。卢布存款减少1869亿卢布,缩减了4.1%。[2] 危机导致俄罗斯银行再次进行整合。当时俄罗斯有1000多家银行,只有前50~70家具有足够大的规模。前20家银行在总资产中的比重约70%,前50家的比重约80%。2010年2月18日,俄境内银行数量随之降到了999家。仅2009年一年之内,俄罗斯就有44家银行彻底失去经营资格,3家银行主动宣布破产,12家银行由于经营不善而被其他8家银行并购。

---

[1] 李中海主编《普京八年:俄罗斯复兴之路(2000—2008)(经济卷)》,经济管理出版社,2008,第89页。
[2] 高云辉:《普京时期的俄罗斯经济振兴与经济风险》,吉林大学博士学位论文,2010,第82页。

自 2010 年 1 月 1 日起，俄罗斯已有 4 家银行倒闭，其中 3 家银行被收购。后金融危机时期，俄罗斯银行业出现了大量并购，通过整合，国有银行在银行业总资产中的比重有所增加，从 2008 年 9 月的 46.5% 增加到 2009 年 4 月的 54.3%。在前 10 家最大的银行中，有 6 家是国有银行。[①]

在转轨国家中，俄罗斯银行业不良资产较高，远高于波兰、匈牙利等国（参见表 6-4）。2008 年俄罗斯的逾期贷款也在不断提高（见表 6-5）。银行总规模在不断提升的同时（见表 6-6），总利润也有所下降（见表 6-7）。21 世纪俄罗斯银行如何建立安全、高效的银行体系，维护国家金融安全还有许多路要走。

表 6-4　俄罗斯与部分转轨国家银行业不良贷款率比较（2008~2009 年）

单位：%

	2008 年第 2 季度	2008 年第 3 季度	2008 年第 4 季度	2009 年第 1 季度	2009 年第 2 季度
波兰	4.5	4.1	4.2	5	6
匈牙利	3.8	4.1	4.5	5.2	6.5
捷克	2.7	3	3.3	3.7	4.3
斯洛伐克	2.9	2.9	3.2	3.5	4.2
保加利亚	2.7	2.8	3.2	3.2	4.4
罗马尼亚	4.6	5.1	6.3	9.1	11.3
克罗地亚	4.8	4.8	4.8	5.1	—
俄罗斯	9	8.9	12.7	13.9	16
哈萨克斯坦	7.4	7.5	10.8	16.2	26.1

资料来源：转引自米军《俄罗斯金融改革回顾与展望》，中国社会科学出版社，2012，第 118 页。

[①] 米军：《俄罗斯金融改革回顾与展望》，中国社会科学出版社，2012，第 118、119 页。

表 6-5　俄罗斯银行贷款情况 (2008~2009 年)

单位：十亿卢布

时间 指标	2008 年 7月1日	2008 年 10月1日	2009 年 1月1日	2009 年 4月1日	2009 年 7月1日	2009 年 10月1日	2010 年 1月1日
总贷款	17366.4	19078.6	19941.0	20604.5	19915.2	20215.0	19878.4
非金融机构	11126.5	12028.2	12509.7	13115.8	12829.3	12715.9	12541.7
其中 逾期贷款	111.8	141.4	266.4	454.0	612.7	717.0	762.5
占比 (%)	1.00	1.18	2.13	3.46	4.78	5.64	6.08

资料来源：转引自米军《俄罗斯金融改革回顾与展望》，中国社会科学出版社，2012，第117页。

表 6-6　俄罗斯银行业部分指标 2005~2010 年 (截至每年1月1日)

时间 指标	2005	2006	2007	2008	2009	2010
银行业总资产 (十亿卢布)	7100.6	9696.2	13963.5	20125.1	28022.3	29430.0
占GDP百分比 (%)	41.7	44.8	51.9	60.8	67.3	75.4
对非金融机构和 个人贷款 (十亿卢布)	3885.9	5452.9	8030.5	12287.1	16526.9	16115.5
占GDP百分比 (%)	22.8	25.2	29.8	37.1	39.7	41.3
占银行业资产百分比 (%)	54.7	56.2	57.5	61.1	59.0	54.8
其中对个人贷款 (十亿卢布)	538.2	1055.8	1882.7	2971.1	4017.2	3573.8
占GDP百分比 (%)	3.2	4.9	7.0	9.0	9.6	9.2
占银行业资产百分比 (%)	7.6	10.9	13.5	14.8	14.3	12.1
个人存款 (十亿卢布)	1980.8	2761.2	3809.7	5159.2	5907.0	7485.0

续表

时间 指标	2005	2006	2007	2008	2009	2010
占 GDP 百分比（%）	11.6	12.8	14.2	15.6	14.2	19.2
机构存款（十亿卢布）	2184.1	3138.9	4790.3	7053.1	8774.6	9557.2
占 GDP 百分比（%）	12.8	14.5	17.8	21.3	21.1	24.5
备注：GDP（十亿卢布）	17048.1	21625.4	26903.5	33111.4	41668.0	39016.1

资料来源：转引自米军《俄罗斯金融改革回顾与展望》，中国社会科学出版社，2012，第 114 页。

表 6-7 俄罗斯信贷机构当年利润（十亿卢布，截至每年 1 月 1 日）

单位：十亿卢布

年份 指标	2005	2006	2007	2008	2009	2010
当年利润（损失）	177.94	262.10	371.55	507.97	409.19	205.11
占银行资产（ROA,%）	2.9	3.2	3.3	3.0	1.8	0.7
占资本比重（ROE,%）	20.3	24.2	26.3	22.7	13.3	4.9
备注：自有资金	946.589	1241.8	1692.7	2671.5	3811.1	4620.6
银行业总资产	7100.6	9696.2	13963.5	13963.5	28022.3	29430.0

资料来源：转引自米军《俄罗斯金融改革回顾与展望》，中国社会科学出版社，2012，第 116 页。

第二节 中国银行体制在 21 世纪的发展

一 中央银行职能的进一步健全

2003 年 12 月 27 日，第十届全国人民代表大会常务委员会第六次会议审议通过了《中华人民共和国中国人民银行法（修正案）》，明确中国人民银行新的职能为"制定和执行货币政策、维护金融稳定、提供金融服务"。同时，明确界定"中国人民银行为国务院组成部门，是中华人民共和国的中央银行，是在国务院领导下制定和执行货币政策、维护金融稳定、提供金融服务的宏观调控部门"。中国人民银行职能的变化集中表现为"一个强化、一个转换和两个增加"，即强化与制定和执行货币政策有关的职能；转换实施对金融业宏观调控和防范与化解系统性金融风险的方式；增加反洗钱和管理信贷征信业两项职能。根据新的职能调整，人民银行从总行到分支机构相应调整了内部机构设置，其中央银行职能的履行进入一个新的阶段。[①]

经过职能转变之后的中国人民银行，采取了综合措施进行国家宏观调控。例如中国人民银行为抑制经济过热，采取灵活运用货币政策工具，加强货币信贷总量控制。加大公开市场操作力度，收回银行体系过多流动性。2003年4月至2008年5月，中国人民银行共发行中央银行票据15.5万亿元。通过提高存款准备金率大力对冲流动性，抑制银行体系货币创造能力。从2003年1月15日至2008年6月25日，先后15次上调存款准备金率共8.5个百分点，达到17.5%。从2004年起，中国人民银行创新性地实行差别存款准备金率制度，在抑制资本充足率较低且资产质量较差的金融机构盲目扩张贷款、促进金融机构稳健经营等方面取得积极成效。中国人民银行还严格控制再贷款和再贴现规模，及时停止为国有企业与银行之间债务重组提供再贷款的融资安排。中国

[①] 王广谦主编《中国经济改革30年（金融改革卷）(1978~2008)》，重庆大学出版社，2008，第22页。

第六章 | 21世纪银行体制变革与发展

人民银行还加大对农村金融的扶持，增加支农再贷款，加强支农再贷款限额的地区调剂，将90%以上的支农再贷款用于西部地区和粮食主产区。同时，对农村信用社实行较低的存款准备金率，增加农村金融机构可用资金近千亿元。[1]

2005年8月，为更好地发挥中央银行宏观调控职能，完善中央银行决策和操作体系，提高中央银行服务金融市场的效率，同时扩大上海金融市场的影响力，加快推进上海国际金融中心建设，中国人民银行撤销了原上海分行，成立了上海总部。中国人民银行上海总部作为中国人民银行总行的有机组成部分，在中国人民银行总行的领导和授权下开展工作，主要承担部分中央银行业务的具体操作职责，同时履行一定的管理职能。[2]

中国人民银行还对监督职能进行分离。2003年，按照党的十六届二中全会审议通过的《关于深化行政管理体制和机构改革的意见》和十届人大一次会议批准的国务院机构改革方案，将中国人民银行对银行、金融资产管理公司、信托投资公司及其他存款类金融机构的监管职能分离出来，并和中央金融工委的相关职能进行整合，成立中国银行业监督管理委员会。至此，金融业监管职能完全从中国人民银行分离。银监会的成立，标志着中国金融业监管体制向着市场化和国际化方向迈出了关键的一步。[3]

---

[1] 中国人民银行编著《中国人民银行六十年（1948—2008）》，中国金融出版社，2008，第101、102页。
[2] 中国人民银行编著《中国人民银行六十年（1948—2008）》，中国金融出版社，2008，第100页。
[3] 方林佑、孙宝祥等编著《改革中的中国金融（第3卷）》，湖南科学技术出版社，2005，第17页。

银监会的主要职能包括[①]：

①制定有关银行业金融机构监管的规章制度和办法；

②审批银行业金融机构及分支机构的设立、变更、终止及其业务范围；

③对银行业金融机构实行现场和非现场监管，依法对违法违规行为进行查处；

④审查银行业金融机构高级管理人员任职资格；

⑤负责统一编制全国银行数据、报表，并按照国家有关规定予以公布；

⑥会同有关部门提出存款类金融机构紧急风险处置意见和建议；

⑦负责国有重点银行业金融机构监事会的日常管理工作；

⑧承办国务院交办的其他事项。

二 国有商业银行的股份制改造

2001年12月11日，中国正式加入WTO。这意味着从当时算起再经过5年的过渡期，外资银行将大步进入中国市场，中资银行将与外资银行在同一环境下开展竞争。在这种情况下，依中国商业银行的现状，如不进行更加深入的改革，将难以应对加入WTO的挑战。加入WTO预示了进一步深化国有独资商业银行改革的紧迫性。2002年，第二次全国金融工作会议召开，明确国有独资商业银行改革是中国金融改革的重中之重，改革的方向是按

---

① 史晋川、李建琴主编《当代中国经济》，浙江大学出版社，2008，第210页。

现代金融企业的属性进行股份制改造。这为国有独资商业银行进一步改革指明了方向。①

中国工商银行、中国农业银行、中国银行和中国建设银行是我国银行业的主体，其资产总和占银行业总资产的一半以上。到2003年9月底，已实行五级分类的银行不良贷款率平均为18.74%，其中四家国有独资商业银行高达21.38%，而股份制商业银行为8.4%，外资银行则仅为4.26%。这样的现状，不仅不利于这四家银行自身的发展，不利于支持国民经济持续快速协调健康发展，还隐藏着一定的金融风险。②

2003年10月，党的十六届三中全会在《中共中央关于完善社会主义市场经济体制若干问题的决定》中明确提出，要使国有商业银行"成为资本充足、内控严密、运营安全、服务和效益良好的现代金融企业"，"实行股份制改造，加快处置不良资产，充实资本金，创造条件上市"。12月9日，国务院总理温家宝在访问美国时公开表示，"国有商业银行改革的目标已经设定"，"半年之内就会开始"。自此，国有商业银行改革全面提速。时隔不到1个月，国务院就向中国银行、中国建设银行2家国有商业银行注资450亿美元，为其补充资本金。2004年3月的《政府工作报告》中明确指出，"要以中国银行和中国建设银行股份制改造为试点，加快国有商业银行改革"。这标志着我国金融体制改革进入了新一轮深化阶段。6月，国家再度对两家

---

① 汪昕宇：《国有商业银行国有资本退出问题研究》，冶金工业出版社，2008，第73页。
② 田俊乐：《金融改革再加速——解读中行建行实施股份制改造》，人民网，2004年1月7日。

银行施以援手——被称为国有商业银行不良资产"第二次剥离"的行动悄然启动。通过竞拍,中国信达资产管理公司共收购了中国银行和中国建设银行 2787 亿元的不良资产。[①]

经过剥离,截至 2004 年末,中国银行、中国建设银行两行不良贷款比率分别为 5.09% 和 3.70%,不良贷款拨备覆盖率分别为 71.70% 和 69.90%,资本充足率分别为 8.62% 和 11.95%。上述指标均已达到或接近国际先进银行的平均水平。[②] 2005 年,政府对中国工商银行注资 150 亿美元,以深化国有商业银行的股份制改革。[③] 中国银行、中国建设银行与中国工商银行引入了外国机构投资,淡马锡、苏格兰皇家银行分别控制中国银行 10% 的股份(见表 6-8)。国有商业银行向股份制银行推进。

表 6-8　国有与银行引进战略投资者一览表

时间	银行	外资机构名称	上市前持股比例(%)
2005 年 6 月	中国建设银行	美洲银行	8.52
2005 年 7 月	中国建设银行	淡马锡	5.88
2005 年 8 月	中国银行	苏格兰皇家银行	10
2005 年 9 月	中国银行	瑞士银行集团	1.61
2005 年 10 月	中国银行	亚洲开发银行	0.24
2005 年 12 月	中国银行	淡马锡	10
2005 年 12 月	中国工商银行	高盛集团、安联集团、运通公司	10

资料来源:中国工商银行、中国银行和中国建设银行招股说明书。

[①] 方林佑、孙宝祥等编著《改革中的中国金融(第 3 卷)》,湖南科学技术出版社,2005,第 3 页。
[②] 生蕾:《国有商业银行股份制改造评析》,河南人民出版社,2007,第 29 页。
[③] 汪昕宇:《国有商业银行国有资本退出问题研究》,冶金工业出版社,2008,第 110 页。

第一，中国建设银行上市。

2005年7月4日中国建设银行宣布中国建设银行股份有限公司和淡马锡控股（私人）有限公司就战略合作事宜达成一致并签署最终协议。根据协议，淡马锡将通过旗下的全资子公司亚洲金融控股私人有限公司对中国建设银行进行股权投资，亚洲金融控股私人有限公司将在中国建设银行计划的海外首次公开发行时以公开发行的价格认购10亿美元的股份，并根据政府批准的情况购买中央汇金投资有限公司持有的部分中国建设银行股份。根据双方的约定，亚洲金融控股私人有限公司致力于帮助中国建设银行完善公司治理结构，包括向中国建设银行推荐一名合适的董事人选。淡马锡是继美洲银行之后成功入主中国建设银行的第二家战略投资者，标志着中国建设银行在推进股份制改革、完善公司治理结构方面又迈出了重要的一步，同时也表明中国建设银行引进战略投资者的谈判工作已基本完成。

在成功引入战略投资者后，中国建设银行在香港公开发行股票实行全球配售，于2005年10月27日在香港交易所正式挂牌。本次公开发行的264.9亿H股，是总股本的12%，加上超额配售的部分大概是13.9%。

中国建设银行在全球发售之后（超额配股权未行使），中央汇金公司的持股比例为62.595%，中国建设银行投资的持股比例为9.375%，两者合计的持股比例为71.970%；其余美国银行的持股比例为8.670%，亚洲金融的持股比例为5.986%，上海宝钢、国家电网的持股比例都是1.359%，长江电力的持股比例为0.906%，其余的9.750%由其他海外投资者所有。如果行使全部超额配股权，中国建设银行全球发售之后，汇金公司的持股比例为61.485%，中国建设银行投资的持股比例为9.209%，两者合计的持股比例为70.694%，其余美国银行的持股比例达到8.516%，亚洲金融的持股比例达到5.880%，上海宝钢、国家电网的持股比例都是1.335%，长江电力的持股比例为0.890%，其余的11.350%由其他海外投资者所有。中国建设银行又于2007年9月25日在上交所挂牌交易正式回归A股。[1]

第二，中国银行上市。

中国银行在2004年8月26日完成股份制改革，并宣布成立中国银行股份有限公司，股份公司注册资本1863.90亿元，折1863.90亿股。经国务院批准，中央汇金投资有限责任公司代表国家持有股份公司100%股权，依法行使出资人的权利和义务。

2005年10月6日，中国银行先后与苏格兰皇家银行集团、新加坡淡马锡控股（私人）有限公司、瑞士银行集团和亚洲开发银行四家战略投资者签订了战略合作与投资协议，四家机构共投资67.75亿美元，合计占21.85%的股份。中国银行董事长肖钢分别与这四家机构的高层管理人员进行了座谈，就合作领域、合作项目、合作方式、合作前景等方面的问题充分地进行沟通并坦诚地交换了意见。中国银行董事会和管理层非常重视与这四家机构的战略合作，与战略投资者在公司治理、风险管理、内控机制、人力资源培训、个人金融业务、公司业务以及投资银行、保险业务等方面开展全面合作。在合作过程中，中国银行虚心学习战略

---

[1] 汪昕宇：《国有商业银行国有资本退出问题研究》，冶金工业出版社，2008，第112页。

投资者先进的管理经验和技术，不断提高了中国银行的战略管理能力、盈利能力与服务客户的能力。

中国银行于 2006 年 6 月 1 日在香港联合交易所主板挂牌上市，这是继中国建设银行后，内地第二家实现公开发行上市的国有商业银行。中国银行的香港上市募集资金总额为 754.27 亿港元，是自 2000 年以后六年多来全球最大宗首次公开招股集资活动。

2006 年 7 月 5 日，中国银行在内地 A 股挂牌上市，成为第一家在境内发行上市的银行。中国银行 A 股发行创造了中国资本市场有史以来最大的首次公开发行新纪录。发行当日，中国银行共发行 A 股 64 亿多股，募集资金净额达到 194 亿多元。[1]

第三，中国工商银行上市。

由于 2003 年年底，国家财政没有向中国工商银行注资，所以中国工商银行的股份制改革时间与中国建设银行和中国银行相比要晚一些。中国工商银行是于 2005 年 10 月 28 日完成股份制改革的，并宣布成立中国工商银行股份有限公司，其中中华人民共和国财政部出资额为 1240 亿元，折合股份为 1240 亿股，持股比例为 50%；中央汇金投资有限责任公司：出资额为 1240 亿元，折合股份为 1240 亿股，持股比例为 50%；银行总注册资本为 2480 亿元人民币。

中国工商银行完成股份制改革之后，积极寻找战略投资者，为能够成功上市做准备。2006 年 1 月 27 日，中国工商银行股份

---

[1] 汪昕宇：《国有商业银行国有资本退出问题研究》，冶金工业出版社，2008，第 113 页。

有限公司和高盛投资团（包括高盛集团、安联集团及美国运通公司）在北京签署了战略投资与合作协议。根据协议，高盛投资团出资37.8亿美元入股中国工商银行，战略投资通过购买中国工商银行新发行的股份完成，高盛投资团派驻一名董事进入中国工商银行董事会。同时，双方还签署了全面合作协议。3月16日，中国工商银行股份有限公司和高盛集团在北京召开了战略合作项目启动大会，这是双方为落实先前签署的战略投资与合作协议所做出的重要举措，标志着中国工商银行与高盛集团之间的战略合作项目开始步入实质性操作阶段。

2006年10月27日，中国工商银行在香港和内地两地同步上市，成为中国资本市场上具有里程碑意义的标志性事件。中国工商银行以高达22倍的市盈率和2.23倍的高市净率成功发行，创造出了八个"第一"的证券发行新纪录。中国工商银行A股和H股认购资金均创出新高，足以说明中国工商银行已受到国内外投资者的追捧。中国工商银行上市后总市值突破万亿大关，成为中国资本市场上的航母。[1]

上市后的中国工商银行还积极进行海外扩张。中国工商银行于2007年8月29日发表公告宣布，将斥资46.83亿澳门币向澳门赌业大王何鸿燊控制的澳门旅游娱乐有限公司和另一股东禤永明，收购澳门诚兴银行共计119900股普通股，占诚兴银行已发行股本总额的79.93%。这一交易于2008年1月分别获得中国证监会和澳门金融业管理局的批准。交易完成之后，工行成为诚兴银

---

[1] 汪昕宇：《国有商业银行国有资本退出问题研究》，冶金工业出版社，2008，第110~114页。

行第一大股东。[1] 2012 年 7 月 6 日，中国工商银行在历经将近一年零六个月的谈判和审批程序之后，最终以 1.4 亿美元的对价完成了对美国东亚银行的收购，持有了美国东亚银行 80% 的股份达到了对其的绝对控股。[2]

第四，中国农业银行上市。

2008 年 10 月 21 日，国务院第三十二次常务会议通过《农业银行股份制改革》。2008 年 10 月 29 日，中央汇金公司向农业银行注入了 1300 亿元人民币等值的外汇资本金。并且完成了不良资产的剥离工作、按时完成资产评估、搭建公司治理架构等措施。2009 年 1 月 16 日中国农业银行股份制公司正式挂牌成立。[3]

中国农业银行还于 2010 年 7 月 15 日和 16 日成功地实现了 A 股和 H 股在内地和香港资本市场的同步上市。农行 A 股和 H 股上市首日的收盘价分别为 2.70 元人民币和 3.27 港元，分别较 A 股和 H 股的发行价上涨 0.75% 和 2.19%，在两地市场的首日挂牌成交十分活跃。

至此，作为国有（控股）商业银行中最后一家发行上市的银行，农行在两地的同步上市，标志着我国国有（控股）商业银行的股份制改革上市工作取得全局性胜利。与此同时，新上市的农行股份与此前在两地已经完成上市的中国工商银行、中国银行、

---

① 胡挺、李丽诗、刘娥平：《我国商业银行海外并购的财富效应研究》，《金融理论与实践》2011 年第 1 期。
② 魏涛：《中资银行国际化经营的无形资源获取动因分析——以中国工商银行的国际化实践为例》，《财经理论与实践》2014 年第 6 期。
③ 刘鸿儒：《变革—中国金融体制发展六十年》，中国金融出版社，2009，第 199、200 页。

中国建设银行和交通银行这4家国有（控股）商业银行一起，构成了一个完整的"国有控股公众上市银行板块"，这标志着国有商业银行改革发展真正进入了一个全新的阶段——"国有控股公众上市银行新时代"，同时标志着中国银行业对外开放和国际化进程大大加快。①

三 商业银行的发展

（一）股份制商业银行的发展

这一时期股份制商业银行也纷纷改组上市，获得了更好的发展平台。

2004年6月，国务院批准通过了交通银行的深化股份制改革方案。在进一步的股份制改造中，交通银行完成了财务重组，成功地引进了汇丰银行、社保基金、中央汇金公司等境内外战略投资者，并着力推进体制机制的良性转变。2005年6月23日，交通银行在香港成功上市，成为首家在境外上市的中国内地商业银行。

中信银行则在2006年12月18日召开股份公司成立大会，银监会正式批复其成立股份有限公司。在引入战略投资者和股份化改造之后，2007年4月27日，中信银行在上海证券交易所和香港联交所同步上市。

招商银行在2002年3月成功发行了15亿普通股，4月9日在上交所挂牌。2006年9月22日，招商银行在香港联合交

---

① 卓尚进：《国有商业银行股改上市圆满"收官"》，《金融时报》2010年7月19日。

易所正式挂牌上市。2007年11月8日（美国东部时间），美联储正式批准招商银行在纽约设立分行，这也是自1991年美国《外资银行强化监管法案》实施以来，中资银行首次获准在美国开设分行。①

2007年11月30日，中央汇金公司代表国家向光大银行注资200亿元民币等值美元，其程序是光大银行向中央汇金公司进行定向增发，中央汇金公司按股人民币1元的价格购买。注资完成之后，中央汇金公司成为光大银行的一大股东，占有光大银行70.9%的股权。这项交易的完成，启动了光大银行的重组上市工作。截至2008年4月30日，中国光大银行已完成上市前的10项准备工作，包括发行60亿元次级债；批量处置142亿元不良资产并争取优惠税收政策；弥补33.85亿元历史累计亏损；解决多年形成的巨额关联交易问题；初步完成招股说明书等上市文件的准备；等等，上市工作正在稳步推进过程中。②

这一时期还成立了一批股份制商业银行。

例如浙商银行是经中国银监会批准设立的全国第12家股份制商业银行，于2004年8月18日正式开业，总行设在杭州。现有注册资本270073万元，共有股东16家，其中15家民营股东占85.71%。浙商银行前身为"浙江商业银行"，是一家于1993年在宁波成立的中外合资银行。2004年6月30日，经中国

---

① 李扬、王国刚主编《中国金融改革开放三十年研究》，经济管理出版社，2008，第129、130页。
② 李扬、王国刚主编《中国金融改革开放30年研究》，经济管理出版社，2008，第132页。

银监会批准，经过重组、更名和迁址，改制为现在的浙商银行。47名员工，4000万美元存款，10亿元总资产，4亿元的不良资产，这是浙江省第一家全国性股份制商业银行的第一家分行——浙商银行宁波分行2004年12月成立之时的全部家当。受命担纲筹建浙商银行宁波分行重任的是时任中国银行宁波分行副行长的张叶艺。同年12月15日，浙商银行正式聘请张叶艺担任宁波分行行长一职。

浙商银行宁波分行如今总资产已经从成立之初的10亿元增加至2009年12月末的130.22亿元；各项存款和贷款总额实现双百亿元；原有不良资产包袱全部处置消化，不良贷款率为0.598%，资产质量和监管评级均居同业领先水平；机构已经遍及北仑、慈溪、江东、余姚等主要县市区。其耀眼的业绩及扩张的速度，令业界刮目相看。①"以公司银行业务为主体，以小企业银行业务和投资银行业务为两翼"的"一体两翼"的经营思路成为浙商银行宁波分行布局的战略。2008年金融危机，2009年宁波分行"联保贷款"是在担保方式上的创新；"房屋抵押一日贷"是审批流程上的创新；"浙商小企业三年贷"是还款方式上的创新；"浙商生意金·自助贷"是贷款使用方式上的创新。与此同时，提倡抵押物的自行评估，既提高效率，又降低借款人的成本。这些产品均考虑到小企业"短、小、频、急"的融资需求特点。

如"房屋抵押一日贷"是以分行确定范围内自有住宅提供抵押的个人经营者贷款或小企业法人贷款。该产品自2009年8月在

---

① 张叶艺主编《商业银行的转型创新发展 浙商银行宁波分行的实践与探索》，宁波出版社，2016，第29页。

江东支行试点以来，累计办理贷款 69 笔，贷款余额 5322 万元。

再比如"浙商小企业三年贷"是分行为小企业或小企业主提供的，以主城区的住宅、商铺、写字楼为抵押，采用"按月（按季）付息、到期一次性还本"，金额在 500 万元及以下的小企业贷款。其特色是期限最长 3 年，节省每年贷款到期需要进行临时资金调度的成本，免除每年贷款到期需要重新申请、审批、抵押物评估登记等烦琐手续。[①]

2006 年 2 月，渤海银行正式对外营业，也成为我国第 13 家全国性股份制商业银行。渤海银行采取发起方式设立，注册资本金 50 亿元人民币，由发起人认购全部股份，并全部以货币资金注入。已经签署的发起人协议确定，天津泰达投资控股有限公司拥有 25% 的股权，是第一大股东；渣打银行（香港）有限公司拥有 19.99% 的股权，是第二大股东；中国远洋运输（集团）总公司拥有 13.67% 的股权，是第三大股东；宝钢集团股份有限公司和国家开发投资公司分别拥有 11.67% 的股权，并列为第四大股东；天津信托投资有限责任公司通过集合资金信托方式吸收自然人资金参股 10%；天津商汇投资（控股）有限公司以吸收民营企业入股方式参股 8%。由此，渤海银行也成为中国第一家在发起设立阶段就引进境外战略投资者并以集合资金信托方式吸收自然人参股的股份制商业银行（见表 6-9）。[②]

---

① 张叶艺主编《商业银行的转型创新发展 浙商银行宁波分行的实践与探索》，宁波出版社，2016，第 32 页。
② 李扬、王国刚主编《中国金融改革开放 30 年研究》，经济管理出版社，2008，第 132 页。

表 6-9 股份制商业银行引进战略投资者一览

时间	银行	外资机构名称	持股比率（%）
2003 年 9 月	上海浦东发展银行	花旗集团	4.62
2003 年 9 月	中国民生银行	国际金融公司	1.22
2004 年 3 月	兴业银行	恒生银行、国际金融公司、新加坡政府投资公司	15.98、5、4
2004 年 8 月	交通银行	汇丰银行	19.9
2004 年 9 月	深圳发展银行	美国新桥投资集团	17.89
2004 年 11 月	中国民生银行	淡马锡	4.55
2005 年 10 月	华夏银行	德意志银行	14
2005 年 12 月	渤海银行	渣打银行	19.99
2006 年 11 月	中信银行	西班牙对外银行	4.83

资料来源：李扬、王国刚主编《中国金融改革开放三十年研究》，经济管理出版社，2008，第 134 页。

2011 年公布的银行理财排名前十名中，招商银行、光大银行、民生银行、交通银行、上海浦东银行等 5 家股份制商业银行上榜。招商银行和光大银行还排名第一、第二（见表 6-10）。

表 6-10 普益标准·银行理财能力排名前十名（2011 年第一季度）

单位：分

排名	银行名称	发行能力得分	收益能力得分	收益实现能力得分	风险控制措施得分	理财服务丰富性	信息披露规范性	综合得分
1	招商银行	16.70	7.95	24.35	0.31	3.60	6.00	70.38
2	光大银行	16.38	7.52	24.17	2.71	3.60	2.83	68.36
3	中国银行	17.30	8.06	24.89	0.00	2.97	2.63	65.54
4	民生银行	16.83	9.93	26.00	0.00	3.17	1.83	64.73

续表

排名	银行名称	发行能力得分	收益能力得分	收益实现能力得分	风险控制措施得分	理财服务丰富性	信息披露规范性	综合得分
5	交通银行	18.00	8.67	25.42	0.00	3.40	1.22	64.51
6	工商银行	16.94	7.89	24.76	0.04	2.87	2.55	63.84
7	深圳发展	16.19	7.54	23.78	0.00	2.43	2.04	62.85
8	北京银行	15.99	6.59	22.78	0.04	3.30	2.38	61.80
9	农业银行	14.55	5.73	22.28	0.00	3.30	4.30	60.39
10	浦东银行	15.29	5.34	23.00	0.02	3.07	0.75	55.52

资料来源:《金融时报》2011年4月23日,排名支持机构:西南财经大学信托与理财研究中心。

(二) 城市商业银行发展

2004年11月,银监会颁布了《城市商业银行监管与发展纲要》,明确指出:支持经营状况好、管理能力较高、创新能力较强的城市商业银行实现跨区域发展;鼓励同一行政区域和经济区划内尚不具备跨区域发展条件的城市商业银行在自愿的前提下,按照市场原则实现资本重组和联合,有效整合金融资源,进一步拓展城市商业银行的市场空间,提高其抗风险能力和市场竞争力;支持城市商业银行按照市场化原则收购、兼并周边地区城市信用社。按照这一思路,一部分基础较好、竞争力较强的城市商业银行,通过合并重组向区域性银行发展,谋求做大、做强;另一部分基础较薄弱、竞争力较差的城市商业银行则可能被收购或整合成为有地方特色的社区银行,城市商业银行改革逐步深化。2007年7月19日,南京银行、宁波银行分别在上海证券交易所、深圳证券交易所成功挂牌上市，开城市商业银行上市的先例，中国城市商业银行的发展掀开新的篇章。[①] 中国城市商业银行引进外国战略投资者的情况见表6-11。

表6-11 中国城市商业银行引进外国战略投资者情况

类别	时间	中资银行名称	外资名称	持股比例（%）
城市商业银行	1999年9月	上海银行	国际金融公司	5
	2001年11月	南京市商业银行	国际金融公司	5
	2001年12月	上海银行	国际金融公司	2
城市商业银行	2001年12月	上海银行	汇丰银行	8
	2001年12月	上海银行	香港上海银行	3
	2004年6月	西安市商业银行	国际金融公司	2.5
	2004年6月	西安市商业银行	加拿大丰业银行	2.5
	2004年11月	济南市商业银行	澳洲联邦银行	11
	2005年3月	北京银行	荷兰ING银行	19.9
	2005年4月	杭州市商业银行	澳洲联邦银行	19.9
	2005年7月	南京市商业银行	德国投资与开发公司	10
	2005年7月	南京市商业银行	德国储蓄银行基金	3
	2005年10月	南京市商业银行	法国巴黎银行	19.2
	2005年12月	天津市商业银行	澳大利亚和新西兰银行集团公司（简称澳新银行，ANZ Banking Group）	19.9

资料来源：根据公开资料整理。

[①] 王广谦主编《中国经济改革30年·金融改革卷（1978—2008）》，重庆大学出版社，2008，第32~34页。

温州本地法人银行机构目前已有温州银行和 10 家农村信用合作银行（联社）。1998 年 12 月，温州市商业银行在整合原市区 35 家城市信用社、金融服务社等机构的基础上组建成立。当时注册资本 2.9 亿元，国有股超过 50%，其中财政持股 34.42%。2003 年 9 月进行第一次股改，总股本金增加到 5.09 亿元，其中财政持股部分核销亏损，持股比例下降到 7.94%。2006 年第二次增资扩股，总股本金达到 10.2 亿元，其中财政股本只有 2000 万元。2007 年 9 月，该行在全国银行同业市场成功发行 5.5 亿元次级债券[1]，使资本充足率达 10.09%，核心资本与附属资本合计达 22 亿元，综合实力和抗风险能力明显增强。2007 年 12 月，温州市商业银行正式更名为温州银行，并开始走出温州，在温州区域之外设立了衢州分行。更名和跨区域经营标志着温州银行已从地方性银行变身为区域性股份制银行。[2]

四 政策性银行的商业化

在 2007 年初召开的第三次全国金融工作会议上，政策性银行向商业化转型的改革思路确定。政策性银行中国家开发银行表现出了较好的经营效益（见表 6-12），会议提出，"按照分类指导，'一行一策'的原则，推进政策性银行改革。首先推进国家开发银行改革，全面推行商业化运作，主要从事中长期业务。对政策性业务要实行公开透明的招标制"。这意味着我国政策性银行将逐步与财政分离，根据各自条件，进行商业化改革，实现自主经

---

[1] 陈明衡编《温州金融改革三十年》，浙江人民出版社，2008，第 23 页。
[2] 陈明衡编《温州金融改革三十年》，浙江人民出版社，2008，第 24 页。

营、自负盈亏、自担风险。三家政策性银行中财务指标最为优良的国家开发银行将先行启动市场化改革试点，逐步建立受资本金约束的现代商业银行治理结构。① 2007年12月底，中央汇金公司向国家开发银行注资200亿美元。之后，国务院明确国家开发银行由政策性金融机构转型为商业银行，主要通过开展中长期信贷与投资等金融业务，服务国民经济中长期重大发展战略。2008年12月，由财政部、汇金公司作为发起人，国家开发银行整体改制为国家开发银行股份有限公司。②

表6-12 中国三家政策性银行近几年净利润比较

单位：亿元

年份 银行	2001	2002	2003	2004	2005	2006
国家开发银行	111	119	132	174	228	277
中国进出口银行	—	0.64	0.39	0.4	0.7	0.9
中国农业发展银行	—	0.34	2.10	0.73	0.24	4.00

注："—"表示数据缺失。
资料来源：各行各年度报表转引自唐旭、王广谦主编《中国金融机构改革：理论、路径与构想》，中国金融出版社，2008，第135页。

第三节 中俄银行体制比较分析
（2000～2012）

在全球化的浪潮下，中俄银行体制进行了新的改革与调整。

---

① 王广谦主编《中国经济改革30年·金融改革卷（1978～2008）》，重庆大学出版社，2008，第32页。
② 耿毅：《国家开发银行改革发展管理战略分析》，《财经问题研究》2013年第S1期。

第一，俄罗斯普京政府金融改革，加强了对银行体制的整顿。1998年金融危机之后，俄罗斯已经开始对银行体系进行重组，普京上台后继续加强对银行的整顿。为尽快结束混乱局面，普京建立了国家控股银行为核心的银行体系。并且强化对其管理，提高银行的抗风险能力。在普京政府的整顿下，银行体系逐步规范。

第二，中国这一时期银行体制仍然在市场化的进程中稳步推进。虽然经历了20多年的改革开放，金融业仍然是国民经济的薄弱环节。加入WTO之后，银行业面临更大的竞争压力。一方面四大国有商业银行继续推进股份制改造，通过股份制改造，通过注资，引入国际战略投资，纷纷形成了股份制银行，并且成功上市。另一方面，中国交通银行、中信银行等股份制银行也纷纷上市。这一时期我国还成立了浙商银行、渤海银行等股份制银行。这些银行体现出了较强的金融创新能力，满足了我国国内客户个性化的需求。同时中国商业银行也得到了蓬勃发展，政策性银行也开始启动商业化改革。中国已经形成了多元化竞争型的金融机构体系。

第三，中俄两国银行业发展的绩效比较。

从经济效益来看，中国银行的净息差、存贷款利差都明显低于俄罗斯（参见表6-13）。这反映出俄罗斯在银行业混业经营中资产具有较为广阔的投资渠道，而且具有较强的定价能力。中国利率未能市场化，而且银行受到较多的管制，所以出现净息差和贷款利差都低于俄罗斯的情况。中国的资产利润率低于俄罗斯，而资本利润率高于俄罗斯（2007年除外，参见表6-13）。资本利润率反映了商业银行经营和管理资本杠杆效应能力,中国资本利润率高于俄罗斯意味着中国银行较高的杠杆率(即资本金不足)。综上所述,当前中国银行利润主要依靠节约成本形成,俄罗斯则主要源于收入的增长。①

表6-13 中俄两国银行业效率指标比较(2006~2011年)

年份	净息差(%) 中国	净息差(%) 俄罗斯	存贷款利差(%) 中国	存贷款利差(%) 俄罗斯	资产利润率(%) 中国	资产利润率(%) 俄罗斯	资本利润率(%) 中国	资本利润率(%) 俄罗斯
2006	2.25	3.62	3.60	6.35	0.66	3.2	11.26	26.3
2007	2.90	3.55	3.33	4.89	0.9	3.0	16.7	22.7
2008	3.00	3.26	3.06	6.47	1.0	1.8	17.1	13.3
2009	2.02	3.49	3.06	6.73	0.9	0.7	16.2	4.9
2010	2.14	4.10	3.06	4.81	1.0	1.9	17.5	12.5
2011	2.80	3.93	—	4.01	1.2	2.4	19.2	17.6

注:净息差=银行净利息收入/平均生息资产。
数据来源:净息差、存贷款利差来源于世界银行 Global Financial Development Database、Wind 资讯和 Bloomberg;资产利润和资本利润率来源于《中国银行业监督管理委员会2006—2011年报》和《Banking Supervision Report 2006—2011》。转引粟勤、肖晶《中俄两国银行业改革绩效比较与经验借鉴》,《经济问题探索》2013年第12期。

从银行稳定性来看,中国银行的不良贷款率近年来有效下降,低于俄罗斯水平。但是中国资本—资产比小于俄罗斯,资本充足率也小于俄罗斯(参见表6-14)。中国拨备覆盖率(参见表6-14)2009年超过俄罗斯,体现了中国受金融危机冲击较小、银行监管稳健的风格,对中国防范金融风险有着积极的意义。

---

① 粟勤、肖晶:《中俄两国银行业改革绩效比较与经验借鉴》,《经济问题探索》2013年第12期。

中国银行体制改革虽然取得很大成就但仍未完成。中国市场经济的发展，经济社会结构日趋多元化，对金融服务的需求也存在多元化的问题。在中国中小企业融资难、小额信贷难以得到满足等问题，中国银行体制还将伴随着市场化与经济改革的深入继续探索。

表 6-14　中俄两国银行业稳定性指标比较（2006—2011 年）

年份	资本—资产比（%）中国	资本—资产比（%）俄罗斯	资本充足率（%）中国	资本充足率（%）俄罗斯	不良贷款率（%）中国	不良贷款率（%）俄罗斯	拨备覆盖率（%）中国	拨备覆盖率（%）俄罗斯
2006	5.1	12.1	4.9	14.9	7.1	2.4	34.3	170.8
2007	5.7	13.3	8.4	15.5	6.2	2.5	39.2	144.0
2008	6.0	13.6	12.0	16.8	2.4	3.8	116.4	118.4
2009	5.6	15.7	11.4	20.9	1.6	9.5	155.0	95.8
2010	6.1	14.0	12.2	18.1	1.1	8.2	218.3	103.7
2011	6.4	12.6	12.7	14.7	1.0	6.6	—	—

数据来源：World Bank "Global Financial Development Database", IMF "Financial Soundness Indicates"，俄罗斯中央银行 *Banking Supervision Report 2006—2011*，《中国银行业监督管理委员会 2006—2011 年报》。转引粟勤、肖晶《中俄两国银行业改革绩效比较与经验借鉴》，《经济问题探索》2013 年第 12 期。

结束语

　　本书对中苏的银行体制从"大一统"到市场化的历史演变进行了梳理，试图从比较的视角讨论中苏银行体制演变的特点与规律。本书二、三章重点讨论为什么中国与苏联都会选择"大一统"的银行体制？"大一统"的银行体制如何运行？中国和苏联又进行过哪些调整？本书的三章、四章、五章则讨论了中苏两国从"大一统"的银行体制到市场化的制度变迁过程。两国银行体制在变迁过程中有哪些共性与差异，不同的改革模式又有哪些迥异的绩效？当然中苏银行体制演变涉及的内容较多，两国银行体制变化也较为剧烈，本书的探讨仅仅是尝试性的，更多集中讨论其演变的基本脉络，以期抛砖引玉，就求教于同仁。

　　当前中国经济进入新常态，经济体制改革进入深水区，银行体制改革是当前金融体制改革乃至经济体制改革所面临的重点与难点。脱胎于计划经济"大一统"的银行体制，经历了将近40年的改革，已经逐步建立起现代银行体制的框架，但是银行的资本充足率、盈利水平等方面仍然有待提高。经济新常态下，经济增长速度回落，投资需求减弱，资本市场的蓬勃发展，使得中国商业银行面临的整体市场环境趋紧。随着产业结构的变化，互联网金融的崛起，更使得传统银行发展模式受到冲击。未来如何深化银行体制改革，适应经济新常态，成为当前银行界面临的重要问题。如何深化银行体制改革，发挥市场在资源配置中的决定性作用，仍然有待进一步的探讨。通过对中苏银行体制演变历史的回顾，笔者认为以下几个方面值得关注。

第一，进一步推动民营资本进入银行业，提升中国银行经营效率。经济新常态下，经济结构与动力发生了转变，第三产业的兴起与知识经济的到来，对金融服务业产生了多层次、多维度的需求。尤其是万众创新，大众创业下的背景，可能更多中小额度资金需求逐渐增大。从中国改革开放的历史经验来看，作为第一家民营银行民生银行在发展过程中表现出了较好的经营效率和水平，成为民营银行经营的样本。2015年《政府工作报告》中提出"成熟一家，批准一家，不设限额"，首批成立的深圳前海微众银行、上海华瑞银行、天津金城银行、浙江网商银行、温州民商银行也表现出了较好的经营业绩。从历史经验来看，民营银行具有经营灵活的优势，可以通过差异化经营满足不同层次的需求。未来积极引入民营资本进入银行业，满足国内实体经济多层次的金融服务需求，使未来金融改革的重要部署。在积极引入民营资本的同时，也要注意吸取俄罗斯在银行体制演变中的教训。俄罗斯在历史上，曾放松门槛，让大量资本涌入银行业，最终导致了银行业一度出现混乱。而且俄罗斯私人资本进入银行业过程中，还出现了金融寡头，导致了俄罗斯经济的乱局。未来在我国民营资本进入银行业的过程中，应当推动民营资本的有序进入。未来中国应当鼓励民营资本新设立银行或者入股现有银行体系，但同时也应当避免民营资本一窝蜂地涌入，带来银行业的混乱；而且要避免出现金融寡头，扰乱社会主义经济秩序。

第二，四大国有商业银行应当进一步深化改革。中国工商银行、中国农业银行、中国银行、中国建设银行是国家（财政部、中央汇金公司）直接掌控的四大国有银行，这四大国有商业银行脱胎于各自分工的专业银行，经过改革，已经基本成为综合性的大型上市银行，跻身于世界500强企业之列。而在俄罗斯银行改革过程中，推动私有化，导致了银行规模散而小。虽然普京政府上台后进行了整顿，银行实力有所增强，但是当前俄罗斯最大的商业银行，俄罗斯联邦储蓄银行在世界500强排名也仅在300位之后，其经济实力远低于我国四大国有银行。在全球化的进程中，我国四大商业银行凭借雄厚的资本积极走出去，成为中国与国际资本大鳄竞争的主要力量。

但是在经济新常态下，四大国有商业银行将面临新的挑战。一方面，经济总体下行，实体经济去杠杆、去产能、去库存的调整过程中，部分生产企业可能出现经营困难。尤其是光伏、钢铁、船舶等行业面临去产能的压力，不良贷款增多，而这些行业许多大宗贷款来源于四大国有商业银行。随着这些行业经营压力增大，四大国有商业银行未来将面临更为严峻的挑战。另一方面，中国利率市场化不断推进，将进一步加剧银行之间的竞争，四大行的利润空间将进一步受到挤压。互联网金融也将对四大银行的运营进行冲击。虽然四大行已经经过了股份制改造并且上市，但是未来应当继续深化改革，提升公司治理水平，应对越来越激烈的银行之间的竞争。十八届三中全会进一步要求全面发展混合所有制,未来应当进一步深化改革,鼓励非国有资本进入四大行,并且真正参与四大行的经营决策,提高四大行的经营效率。

第三,政策银行的发展。政策性银行成立之初,承担了四大国有专业银行的政策性业务,促进了国有专业银行向商业银行的转换。政策性银行本质上是政府利用自身信用从事的一种融资活动。它以国家信用为基础,实现政府政策和战略布局是政策性金融的基本功能,具有财政、金融双重属性。[①] 经济新常态下,经济进入下行周期,国家应当更加注重政策性银行改革。政策性银行是承担开发性金融业务的主力军。2007年全国金融工作会议曾经将国家开发银行定位为商业银行,当时还基本确立了股份制改组,资本市场上市的路径。但是依据2015年3月发布的国家开发银行深化改革方案,国家开发银行被定位为"开发性金融机构"。2012年以来在经济下行周期的压力下,政府加大了对保障房、城乡基础设施投资、中西部地区铁路投入等重大项目投资,这些都离不开国家开发银行的金融支持。例如国家开发银行2014年发放棚改贷款4086亿元,2014年国家开发银行外币贷款余额达到2670亿元,有力地支持了"一带一路"建设。[②] 政策性银行不能简单转化为商业银行,不必去追求股份制,逐渐成为共识。未来应当明确政策性银行的定位,合理区分政策性业务和商业性业务,增强对政策性银行的监管,使其满足国家开发性金融需求。

[①] 谢平、郑建库:《政策性银行的属性》,《中国金融》2017年第6期。
[②] 于晓东:《深化国家开发银行改革问题探讨》,《理论探索》2016年第2期。

政策性银行的发展又离不开商业化的运营。政策性银行服务的产品更多是准公共品，准公共品具有较高的外部性，如果完全由市场提供则将导致该类产品供给不足；而完全由政府财政提供，又将导致总体效益低下。政策性银行被认为是提供或生产准公共物品的重要方式与手段。政策性银行应当在坚持政策性主导的前提下，提高自身经营水平，积极将业务拓展到投资银行、股权租赁、商业银行等多元化的经营，即保证政策性职能，又激发自身活力。

第四，处理好银行创新与金融监管之间的关系。从我国改革开放的历史来看，我国对于银行监管比较严格，对民营资本进入银行体系也较为谨慎。这在防范金融风险的同时，也导致了金融创新有待进一步提高。尤其是在当前互联网金融的冲击下，如果银行体系不能很好地进行产品创新，难以适应当前金融体系的发展。未来随着民营资本大规模进入银行业，可以预期银行的创新力度将会不断提高。但金融创新又给金融监管带来了挑战，当前银行理财产品存在销售不规范，误导消费者，未能实现每支理财产品的单独规范和管理，以及信息披露不充分，尤其是对资金投向披露不充分等问题，这些都客观上带来了金融风险。从俄罗斯的经验里看，由于俄罗斯金融监管一度放松，导致了银行业的混乱，最终带来了金融危机的冲击。所以未来如何平衡好金融创新和银行监管之间的关系，仍然是未来银行改革的重点与难点。随着银行业的发展，单纯依靠政府监管的模式，可能越来越大。未来应当健全政府、行业多维度的监管体系，在鼓励创新的同时，规避风险，推动银行业的健康稳定发展。

参考文献

一 中文著作

1. 蔡丹华编《计划经济》，上海南强书局，1933。

2. 曹凤岐主编《中国金融改革、发展与国际化》，经济科学出版社，1999。

3. 陈彩虹：《历史演进中的现实选择——国有商业银行变革论》，广东经济出版社，2006。

4. 陈国强、龚方乐主编《浙江金融史：1949—1999》，浙江人民出版社，2003。

5. 陈明衡编《温州金融改革三十年》，浙江人民出版社，2008。

6. 陈文晖、杨天翔编著《中国行业结构全景透视》，中国物价出版社，2003。

7. 陈筱敏：《进出口银行的理论与实务》，中国商业出版社，2006。

8. 陈正英等编著《世界金融机构概览》，中国金融出版社，1991。

9. 戴建兵、陈晓荣编著《中国货币金融史》，河北教育出版社，2006。

10. 范敬春：《迈向自由化道路的俄罗斯金融改革》，经济科学出版社，2004。

11. 范香梅：《中小金融机构发展史话》，湖南大学出版社，2011。

12. 方林佑、孙宝祥等编著《改革中的中国金融》（第3卷），湖南科学技术出版社，2005。

13. 高晓慧、陈柳钦：《俄罗斯金融制度研究》，社会科学文献出版社，2005。

14. 《国家开发银行史》编辑委员会编著《国家开发银行史（1994—2012）》，中国金融出版社，2013。

15. 胡彦龙主编《新中国金融史》，云南大学出版社，1993。

16. 黄永鹏：《社会转型期的俄罗斯金融工业集团研究》，中国社会科学出版社，2006。

17. 黄玉峻主编《中国工商银行——共和国的金融业巨子》，经济管理出版社，1992。

18. 基建系财务信用教研室编《国外长期投资概论》，辽宁财经学院出版社，1984。

19. 姜宏业：《中国金融通史》（第5卷），中国金融出版社，2008。

20. 交通银行总行编《交通银行史料（上）》（第3卷），中国金融出版社，2006年。

21. 金运、陈辛主编《银行再造：浦发银行重组上市的探索与前瞻》，上海人民出版社，2000。

22. 孔祥毅主编《中央银行通论》（第二版），中国金融出版社，2002。

23. 李建军、田光宁：《九十年代三大国际金融危机比较研究》，中国经济出版社，1998。

24. 李建民主编《曲折的历程：俄罗斯经济卷》，东方出版社，2015。

25. 李守荣编《中国金融体系概论》，经济管理出版社，1993。

26. 李新：《俄罗斯经济再转型：创新驱动现代化》，复旦大学出版社，2014。

27. 李扬、王国刚主编《中国金融改革开放30年研究》，经济管理出版社，2008。

28. 李扬等：《新中国金融60年》，中国财政经济出版社，2009。

29. 李志辉：《中国银行业的发展与变迁》，格致出版社，2008。

30. 李中海主编《普京八年：俄罗斯复兴之路（2000—2008）（经济卷）》，经济管理出版社，2008。

31. 刘鸿儒：《变革——中国金融体制发展六十年》，中国金融出版社，2009。

32. 陆南泉：《苏俄经济改革二十讲》，生活·读书·新知三联书店，2015。

33. 陆南泉：《苏联经济体制改革史论》，人民出版社，2007。

34. 马蔚华编《创新之魂：商业银行金融创新理论与招商银行实践》，华夏出版社，2007。

35. 梅明等译《苏联共产党和苏联政府经济问题决议汇编》第1卷，中国人民大学出版社，1984。

36. 米军：《俄罗斯金融改革回顾与展望》，中国社会科学出版社，2012。

37. 尚明、陈立、王成铭主编《中华人民共和国金融大事记》，中国金融出版社，1993。

38. 尚明主编《当代中国的金融事业》，当代中国出版社，2009。

39. 沈大年主编《天津金融简史》，南开大学出版社，1988。

40. 生蕾：《国有商业银行股份制改造评析》，河南人民出版社，2007。

41. 史晋川、李建琴主编《当代中国经济》，浙江大学出版社，2008。

42. 宋锦海、远方：《新权贵——俄罗斯金融工业集团的崛起》，新华出版社，1998。

43. 宋瑞敏、李燕编《地方金融风险研究：现状、对策》，中南大学出版社，2011。

44. 宋士云：《中国银行业：市场化改革的历史考察》，人民出版社，2008。

45. 苏联科学院经济研究所编《苏联社会主义经济史》（第三卷），三联书店，1982。

46. 苏少之：《中国经济通史》（第十卷），湖南人民出版社，2002。

47. 苏淑民：《俄罗斯政治经济与外交》，知识产权出版社，2014。

48. 孙树茜、张贵乐编著《外国银行制度》，中国金融出版社，1984。

49. 唐士润：《列宁的新经济政策与改革》，成都科技大学出版社，1992。

50. 唐文琳主编《金融体制的国际比较》，广西民族出版社，2001。

51. 汪昕宇：《国有商业银行国有资本退出问题研究》，冶金工业出版社，2008。

52. 王广谦主编《中国经济改革30年·金融改革卷（1978—2008）》，重庆大学出版社，2008。

53. 吴承明、董志凯主编《中华人民共和国经济史（第1卷）(1949-1952)》，中国财政经济出版社，2001。

54. 吴景平：《政商博弈视野下的中国近代金融》，上海远东出版社，2016。

55. 伍成基主编《中国农业银行史》，经济科学出版社，2000。

56. 徐唐龄、肖志平、文世良主编《37个国家的农村经济金融概览》，湖南科学技术出版社，1996。

57. 徐向梅：《俄罗斯银行制度转轨研究》，中国金融出版社，2005。

58. 许新主编《叶利钦时代的俄罗斯·经济卷》，人民出版社，2001。

59. 许新主编《重塑超级大国：俄罗斯经济改革和发展道

路》，江苏人民出版社，2004。

60. 杨希天编著《中国金融通史》（第6卷），中国金融出版社，2002。

61. 姚淑梅：《国际金融危机的演变与中国的应对》，人民出版社，2010。

62. 叶世昌、潘连贵：《中国古近代金融史》，复旦大学出版社，2001。

63. 张春萍：《转型时期俄罗斯金融工业集团的形成、发展与绩效分析》，黑龙江大学出版社，2009。

64. 张徐乐：《上海私营金融业研究》，复旦大学出版社，2006。

65. 张叶艺主编《商业银行的转型创新发展浙商银行宁波分行的实践与探索》，宁波出版社，2016。

66. 赵传君、马蔚云：《中俄经济转轨与经济发展比较研究》，黑龙江人民出版社，2007。

67. 赵京霞：《进出口银行的国际比较》，中国青年出版社，1996。

68. 赵学军：《中国金融业发展研究》，福建人民出版社，2008。

69. 郑异凡：《新经济政策的俄国》，人民出版社，2013。

70. 《中国工商银行史》编辑委员会编著《中国工商银行史（1984—1993年）》，中国金融出版社，2008。

71. 中国国际金融研究所课题组编著《苏联金融七十年》，中国书籍出版社，1997。

72. 中国建设银行史编写组编《中国建设银行史》，中国财政经济出版社，2010。

73. 中国人民银行编著《中国共产党领导下的金融发展简史》，中国金融出版社，2012。

74. 中国人民银行总行专家工作室编《列宁论货币银行与信用》，金融出版社，1957。

75. 中国社会科学院、中央档案馆编《1949—1952 中华人民共和国经济档案资料选编（金融卷）》，中国物资出版社，1996。

76. 中华书局辞海编辑所《辞海试行本第 3 分册经济》，中华书局，1961。

77. 朱显平：《俄罗斯银行体制和信贷企业研究》，吉林人民出版社，2005。

二 外文著作

78. 〔苏〕阿特拉斯：《苏联信用改革》，李绍鹏译，三联书店，1955。

79. 〔苏〕阿特拉斯：《苏联银行国有之史的发展》，彭健华译，大东书局，1949。

80. 〔苏〕阿特拉斯登主编《社会主义政治经济学》，三联书店，1962。

81. 〔苏〕华莱尔：《苏联储金局》，中国人民大学出版社，1954。

82. 〔苏〕吉雅琴科：《新经济政策时期的苏联财政》，何南译，五十年代出版社，1951。

83. 〔美〕罗纳德·H. 科斯：《企业、市场与法律》，盛洪、陈郁译，格致出版社，2009。

84. 〔俄〕普京：《普京文集（2002—2008）》，张淑华、李俊升、许华等译，中国社会科学出版社，2008。

〔英〕保罗·肯尼迪：《大国的兴衰》，梁于华等译，世界知识出版社，1990。

85. 〔苏〕《苏联关于经济改革的十二个文件汇编（一九八七年六月——一九八七年七月）》，苏欧译，国家经济体制改革委员会理论宣传局，1987。

86. 〔苏〕苏联科学院经济研究所编《政治经济学教科书》（下册），人民出版社，1960。

87. 〔日〕田中寿雄：《苏联东欧的金融和银行》，高连福译，中国财政经济出版社，1981。

88. 〔苏〕乌索斯金：《苏联国民经济中的短期信用》，韩奎章译，新华书店，1950。

89. 〔俄〕尤里·戈洛文：《俄罗斯银行与银行业务：理论与实践问题》，林跃勤译，中国财政经济出版社，2002。

三 论文

90. 查尔斯·古德哈特、曾晓松、王曙吉：《中国银行业改革的未来之路》，《银行家》2005年第12期。

91. 斐红卫：《中国金融制度的演进和制度变迁：一个长期视角》，《中国经济史研究》2005年第1期。

92. 蒋庆洋、田传战：《俄罗斯商业银行体系的发展状况及存在的问题》,《国际金融研究》1996 年第 10 期。

93. 刘艳、朱泾涛:《俄罗斯金融体制改革论析》,《西伯利亚研究》2005 年第 12 期。

94. 陆南泉:《斯大林工业化道路再认识》,《科学社会主义》2005 年第 3 期。

95. 米军、陈菁泉:《俄罗斯银行业监管制度的发展、特点及启示》,《国外社会科学》2014 年第 11 期。

96. 米军:《当前俄罗斯银行体系发展战略评析》,《东北亚论坛》2009 年第 1 期。

97. 聂靖生:《股份制:银行体制改革可供选择的方案》,《金融与经济》1993 年第 12 期。

98. 谭蓉娟、李新:《俄罗斯银行体系改革成效及其启示》,《中国金融》2006 年第 5 期。

99. 武力:《建国初期金融业的社会主义改造》,《当代中国史研究》1996 年第 2 期。

100. 徐向梅:《俄罗斯银行改革、危机与启示》,《经济社会体制比较》2009 年第 9 期。

101. 叶灼新:《俄罗斯金融危机初探》,《世界经济》1998 年第 11 期。

102. 赵学军:《再论中国私营银行业的社会主义改造》,《中国经济史研究》2011 年第 4 期。

103. 赵紫剑:《中国银行业结构变迁及其发展趋势》,《中央财经大学学报》2002 年第 11 期。

104. Bryant, John, 1980, "A Model of Reserves, Bank Runs,

and Deposit Insurances," *Journal of Banking and Finance*, Vol. 4, pp. 335-344.

105. Calomiris. C, W., 1999, "Building an incentive-compatible safety net," *Journal of Banking and Finance*, Vol. 23, pp. 1449-1519.

106. De Ceuster, M. J. K., Masschelein, N., 2003, "Regulation banks through market discipline: A survey of the issues," *Journal of Economy Surveys*, Vol. 17, No. 5, pp. 749-766.

107. Dewatripont, M., J. Tirole, 1993, "Efficient Governance Structure: Implications for Banking Regulation," in *Capital Markets and Financial Intermediation*, C. Mayer and X. Vives ed, Cambridge: Cambridge University Press, pp. 12-35.

108. Dewatripont M., Maskin E., 1995, "Credit and efficient in centralized and decentralized economies," *The Review of Economies Studies*, Vol. 62, pp. 541-555.

109. Douglas W., Diamond Philip Dybvig, 1983, "Bank Runs, Deposit Insurance and Liquidity," *Journal of Political Economy*, Vol. 91 (3), pp. 401-419.

后　记

　　自 2006 年进入中华人民共和国经济史领域以来，我一直关注着经济发展与经济体制变革。而中华人民共和国成立之初计划经济体制的选择在很大程度上是学习苏联经济体制的产物，我在学习与研究经济史的过程中，也对苏联经济体制的变革予以关注。而中国和苏联为何会选择计划经济体制，两国对高度集中的计划经济体制进行了哪些改革的探索，两国为何会选择不同的改革路径，其经济绩效如何，这些都是我在学习和研究经济史过程中产生的疑问。从中苏比较的视野可能可以对中华人民共和国经济史进行更为深入的研究和解读。但是对中苏经济体制进行比较研究，面临着跨度大、制度变革剧烈，而且对此问题深入研究又要涉及大量俄文文献，存在一手资料收集困难、相关研究较少等问题。所以虽然我长期关注苏联经济发展与体制变革，但迟迟未能就此问题真正动笔进行探讨。恰逢中央财经大学经济学院兰日旭教授主持"中外经济比较"的丛书，拟从国际视野的角度讨论中外金融史。在兰日旭教授的鼓励和帮助下，我鼓足勇气对中苏（俄）银行体制演变史进行了研究与尝试。本书写作过程中，一方面存在资料不足,尤其是苏联银行体制演变的相关资料收集困难的问题;另一方面又存在资料过多,例如改革开放以来中国银行体制演变相关讨论较多、不好取舍的问题。在兰日旭教授的启发下,我形成了凸显银行体制演变主线,展现两国银行体制演变大趋势、大逻辑的基本思路。但由于内容庞杂,时间紧张,在写作过程中依旧有许多不尽如人意之处,这只能在日后的研究中进一步克服。

在书稿成稿之际要感谢中国社会科学院当代中国研究所副所长武力长期的关心与帮助。在武力研究员的指导下,笔者对中华人民共和国经济发展与经济体制演变进行了较长时期的探讨,形成了对经济体制演化比较系统认识。本书写作过程中,武力研究员还提出了宝贵的意见。在本书即将付梓之际,武力研究员还为本书作序,感激之情无以言表。感谢清华大学陈争平教授、中国人民大学财金学院何平教授、中国社会科学院经济研究所赵学军教授对本书的框架、内容的指导和帮助。感谢中央财经大学兰日旭教授对本书的统筹与指导。感谢中央财经大学经济学院孙洪升教授、徐华副教授、徐学慎副教授、伏霖老师、孙菁蔚老师、路乾老师,财政学院的马金华教授,金融学院的孙建华副教授在写作过程中的讨论与支持。感谢中央财经大学科研处李桂君教授、副处长邢华教授、张晓红副处长女士和宋媛老师对本书立项的支持和帮助。感谢中央财经大学马克思主义学院冯秀军教授为本书写作提供的宽松环境。还要感谢社会科学文献出版社的陈凤玲女士对本书写作的关心和督促。非常感谢社会科学文献出版社宋淑洁老师对本书的编辑工作做出的大量辛苦的工作。感谢我的硕士

后 记

研究生常小娟同学，对本书表格、格式的整理。

此外还要特别感谢我的父母在物质和精神上的双重支持。他们的关心和支持让我能够消除后顾之忧，安心学习与研究。感谢我的夫人董香书，本书写作过程中，董香书身怀六甲，但她仍旧给我的写作尽可能提供方便，并且是本书稿的第一读者，提出了自己的修改意见。

限于学识粗浅，本书疏漏之处肯定仍然存在，敬请学术前辈、同仁、读者批评指正。

肖 翔

2017 年 8 月

索　引

B

比较　1，3，40，47，52-54，72，100，101，103，142，157，169，189-191，193，211，232-236，240

C

长期贷款　20-25，55，57，59，61-63，65，66，76，101

城市商业银行　8，117，186，191-193，229，230

储金局　58，64，65，68-71

储蓄　10，18-20，23，24，27-29，34，36，37，41-43，45，49，64，65，68-70，75，85，87，94，100，108，109，114，116，119，120，123，126，129，130，134，136，137，143，154，155，159，166，168，170，200，201，205-207，209，230，238

D

大一统　1-4，7，8，47，48，51，64，73，74，81，100-103，106，116，142，236

短期贷款　20，23-25，55，58-60，62，63，66，73，101，123，142

G

赶超　3，51，53，55

工业化　3，4，24，50-53，55，

61, 64, 72, 102

股份制银行 4, 7, 8, 10, 112, 136, 142, 144, 147, 154, 188, 218, 233

官僚资本 25, 26, 28, 29, 36, 39

国民经济调整 91

国民经济恢复 24, 25

J

基本建设 35, 38, 55, 57-59, 61-67, 76-78, 80, 86, 88, 90, 91, 93, 95, 96, 99, 108, 121, 125, 126, 131, 132, 135, 179, 180, 183

激进 1, 15, 144, 196

集中 1-4, 7, 9-11, 15, 16, 18, 24, 25, 29, 35, 40, 46-49, 51-58, 60, 61, 63-65, 67, 72-74, 77, 78, 81-83, 92, 100-106, 109, 114, 118, 119, 121, 126-128, 142, 147, 156, 168, 170, 181, 186, 192, 194, 199-201, 207, 214, 236

渐进 4, 5, 144, 194, 198

金融寡头 2, 5, 157, 158, 166, 198, 237, 238

竞争 6, 8, 35, 49, 53, 54, 101, 102, 112, 113, 123, 135, 136, 142, 144, 155, 157, 172, 175, 193, 194, 208, 216, 229, 233, 238, 239

Q

区域性银行 141, 229

S

商业银行 6, 10-14, 23, 27, 29, 37, 45, 57, 58, 61, 63, 65, 74, 81, 100, 106, 110-114, 116, 117, 132, 135, 136, 138, 140-143, 147-157, 159-161, 163, 165-170, 172-178, 186, 188-194, 196, 200, 202-207, 210, 216-218, 221, 223-228, 230-233, 237-240

上市 6, 141, 167, 190, 191, 217-225, 230, 233, 238, 239

社会主义市场经济 7，172，186，193，217

市场化 1-5，7，8，104，142-145，193，197，215，229，232，233，235，236，238

苏联国家银行 5，23，50，55-59，65，66，68，71，73，106，109，111，112，114，115，142，147

T

体制变革 3，7，90，104，115，142，145，147，172，186，196

体制演变 2，236，237

投机 8，12，25，29，30，37，41，43，46，47，153

X

消亡 9，13，15，23

效率 1，7，54，71，74，101-103，157，215，226，234，237，239

新经济政策 3，9，16，17，22-25，47-49，51-54，101

信贷改革 51，55

信用 9，10，13，15，16，18，20，22-24，35，38，43，46，48，54-57，59-61，64，68，80，82-84，89，91，97，101，106，107，117，126，127，130，134，135，141，172，185，186，191-193，209，215，229，231，239

休克疗法 1，4，5，8，145-147，193，196

Y

银行国有化 14，15，47，48

银行体制 1-5，7-9，23-25，47-51，53，57，64-66，73，74，81-83，90，92，100-106，108，110，111，114-116，121，128，132，141-145，147，153，172，193-196，203，213，232，233，235-237

银行体制改革 2-4，8，71，103，106，109，111，144，193，195，235-237

银行职能 5，26，71，81，99，

103，106，116－119，122，
125，131，132，142，213，214

Z

战时共产主义 9，15，18，23，
47，48

政策性银行 6，175，178，179，
181，194，208，209，231－
233，239，240

中国人民银行 1，5，25，31－
34，36，38，40，44－46，50，
74－76，78－85，87，88，90，
92－95，97，98，100－102，
115－119，122，124，125，
128，129，136，137，139－
142，144，172－176，178－181，
188，192，193，213－215

专业银行 4－6，23，24，27，
34，35，37，38，54，57，58，
61－63，76，79，95，96，101－
103，106－110，113，114，
116－125，129－131，135，136，
139，142－144，147，154，
155，170，172，175，176，
181，192，194，238，239

自负盈亏 103，107，110，137－
139，141，175，176，232

图书在版编目(CIP)数据

中苏(俄)银行体制演变史:从"大一统"到市场化/肖翔著.--北京:社会科学文献出版社,2018.8
(中外经济比较研究)
ISBN 978-7-5201-1033-4

Ⅰ.①中… Ⅱ.①肖… Ⅲ.①银行体制-银行史-中国②银行体制-银行史-俄罗斯 Ⅳ.①F832.9②F835.121

中国版本图书馆CIP数据核字(2017)第134447号

·中外经济比较研究·

中苏(俄)银行体制演变史:从"大一统"到市场化

著　　者 / 肖　翔
出 版 人 / 谢寿光
项目统筹 / 陈凤玲
责任编辑 / 宋淑洁

出　　版 / 社会科学文献出版社·经济与管理分社 (010)59367226 地址:北京市北三环中路甲29号院华龙大厦 邮编:100029 网址:www.ssap.com.cn
发　　行 / 市场营销中心 (010)59367081 59367018
印　　装 / 三河市东方印刷有限公司
规　　格 / 开　本:880mm×1230mm 1/32 印　张:8.375　字　数:189千字
版　　次 / 2018年8月第1版　2018年8月第1次印刷
书　　号 / ISBN 978-7-5201-1033-4
定　　价 / 68.00元

本书如有印装质量问题,请与读者服务中心(010-59367028)联系

▲ 版权所有 翻印必究